高等职业教育职业核心能力系列教材

# 职场礼仪

主　编　施　萍
副主编　万金芳　许　仙　招书考
　　　　陈更贵

北京理工大学出版社
BEIJING INSTITUTE OF TECHNOLOGY PRESS

## 内容简介

本书融理论性、指导性、实践性、艺术性和趣味性为一体，按照职场应用场景分为七大主题：怎样给人好印象、举手投足的优雅、找准位置不尴尬、形象的第二张脸、沟通联络我有招、待人接物暖人心、成就职场之未来。旨在普及作为职场新人需要掌握的礼仪知识，提高职场礼仪素养和职业综合能力。侧重于社会交际准则和行为规范的介绍和分析，重视理论与实际的结合，通过切实有效的职场礼仪教育，您将对职场礼仪有所了解，按照职场礼仪规范去约束和指导个人行为，提高个人的职业素养。通过实操演示、行为纠错、动作示范、启发引导、案例分析等丰富的形式，助你成为有修养、有品位、有风度、有气质、懂得爱己爱人、轻松应对商务场景的职场达人。本书适用于即将踏入职场的求职人员、初入职场的人员、想进一步提升职场素质的人员。

**版权专有　侵权必究**

### 图书在版编目（CIP）数据

职场礼仪/施萍主编．—北京：北京理工大学出版社，2020.7
ISBN 978－7－5682－8688－6

Ⅰ．①职…　Ⅱ．①施…　Ⅲ．①心理交往－礼仪　Ⅳ．①C912.1

中国版本图书馆 CIP 数据核字（2020）第 117072 号

| | |
|---|---|
| 出版发行 / | 北京理工大学出版社有限责任公司 |
| 社　　址 / | 北京市海淀区中关村南大街 5 号 |
| 邮　　编 / | 100081 |
| 电　　话 / | （010）68914775（总编室） |
| | （010）82562903（教材售后服务热线） |
| | （010）68948351（其他图书服务热线） |
| 网　　址 / | http：//www.bitpress.com.cn |
| 经　　销 / | 全国各地新华书店 |
| 印　　刷 / | 三河市天利华印刷装订有限公司 |
| 开　　本 / | 787 毫米×1092 毫米　1/16 |
| 印　　张 / | 11.75 |
| 字　　数 / | 161 千字 |
| 版　　次 / | 2020 年 7 月第 1 版　2020 年 7 月第 1 次印刷 |
| 定　　价 / | 35.00 元 |

责任编辑／时京京
文案编辑／徐春英
责任校对／周瑞红
责任印制／施胜娟

图书出现印装质量问题，请拨打售后服务热线，本社负责调换

# 丛书编委会

主　任：张进明

副主任：罗　瑜　马祥兴　徐　伟

委　员：（按姓氏拼音排列）

　　　　金春凤　赖　艳　李伟民　刘于辉　陆樱樱　马树燕
　　　　时　俊　施　萍　苏琼瑶　王慧颖　王闪闪　王霞成
　　　　徐　晨　杨美玲　殷耀文　俞　力　张庆华　张香芹
　　　　周少卿　朱克君

# 序

职业能力包括三个方面，即：职业特定能力、职业通用能力和职业核心能力。

职业特定能力是指从事某种具体的职业、工种或岗位，所需对应的技能要求，主要用于学生求职时所需的一技之长。职业通用能力是一组特征和属性相同或者相近的职业群（行业）所体现出来的共性技能，主要用于积淀学生在某一行业未来发展的潜力。职业核心能力是适用于各种岗位、职业、行业，在人的职业生涯乃至日常生活中都必须具备的基本能力，是伴随人终身成长的可持续发展能力，主要用于提升学生职业发展的迁移能力。

亚马逊贝索斯经常被问到一个问题："未来十年，会有什么样的变化？"但贝索斯很少被问到"未来十年，什么是不变的？"贝索斯认为第二个问题比第一个问题更重要，因为你需要将你的战略建立在不变的事物上。

随着知识经济时代的发展，职业结构也发生相应的变化，社会财富创造的动力正由依靠体力劳动向依靠体力和脑力劳动相结合的方向转变，随着生产技术的进步，处于职业结构金字塔底端的非技术工人和中间的半技术工人的比例将严重下降，而最受欢迎的将是具备多方面能力和广泛适应性的高素质技术人员。调查显示，企业最关注的学生素养因素排名前十位依次为：工作兴趣和积极性、责任心、职业道德、承担困难和努力工作、自我激励、诚实守信、主动、奉献、守法、创造性。这些核

职场礼仪

心素养比一般人所看重的专业技能更为重要，是一个企业长足发展的内在不竭动力。

因此，职业教育中必须有"核心素养"的一席之地，来帮助传递关键能力，如应对不确定性、适应性、创造力、对话、尊重、自信、情商、责任感和系统思维。

为此，昆山登云科技职业学院在广泛调研和借鉴国内外高职教育的经验基础上，在校级层面开设四类职业核心能力课程：专业能力类、方法能力类、社会能力类、生活能力类。

## ◆ 专业能力

### 1. 统计大数据与生活

在终极的分析中，一切知识都是历史；我们现在拥有的知识都是对过去发现的事物的归纳总结以及衍生；在抽象的意义下，一切科学都是数学：所有的知识都可以归纳为对数学的推理和运算。在大数据时代下，一切都离不开数据，而所有数据都离不开统计学，在统计学作用下，大数据才能发挥出巨大威力，具有实实在在的说服力。

### 2. 用 Python 玩转数据

数据蕴涵价值。大数据时代，选择合适的工具进行数据分析与数据挖掘显得尤为重要。Python 语言简洁、功能强大，使得各类人员都能快速学习与应用。同时，其开源性为解决实际问题和开发提供强大支持。Python 俘获了大批的粉丝，成为数据分析与挖掘领域首选工具。

### 3. 向阳而生，心花自开——大学生心理健康教育

保罗·瓦勒里说：心理学的目的是让我们对自以为了然于胸的事情，有截然不同的见解。拥有"心理学"这双眼睛，才能得到小至亲密关系、大到人生意义的终极答案。进入心理学的世界，让你看见自己，读懂他人，建立积极的社会关系，活出丰盈蓬勃的人生。

### 4. 审美：慧眼洞见美好

吴冠中说："现在的文盲不多了，但美盲很多。"木心说："没有审美

力是绝症，知识也解救不了。"现在很多人缺乏的不是物质，也不是文化，而是审美。没有恰当的审美，生活暴露出最务实、最粗俗的一面，越来越追求实用化的背后，生活越来越无趣、越来越枯萎。审美力是对生活世界的深入感觉，俗话说：世界上不乏美的事物，只缺乏那双洞察一切美的眼睛。一个人审美水平的高低，在一定程度上决定了他竞争力水平，因为审美不仅代表着整体思维，也代表着细节思维。

### ◆ 方法能力

**5. 成为 Office 专家**

学习 Office，学到的不只是 Office。职场办公，需要的不仅是技能，更需要解决问题的能力。会，只是基础；用，才是乐趣。成为 Office 专家，通过研究和解决所遇到的 Office 问题，体会协作成功之乐趣。

**6. 信息素养：吾将上下而求索**

会搜索是一种解决问题的能力。快速、便捷地搜索全网海量信息资源，最新、最好看的电影、爱豆视频任你选；学霸养成路上的"垫脚石"，论文、笔记、大纲、前人经验大放送；购物小技能，淘宝、京东不多花你一分钱；人脉搜索的凶猛大招，优秀校友、企业精英、电竞大神带你飞；还可以来一次说走就走的旅行，等等。让我们成为一名智慧信息的使用者。

**7. Learning How to Learn 学会如何学习：从认知自我到高效学习**

学会如何学习是终极生存技能。为什么学？学什么？如何学？一直是学习者关注的话题。掌握正确的学习方法，是改变学习效果的关键，也是改变人生的关键。只要找到了适合自己的学习方法，学习就会变得有意思，你也会变得更有自信，你的世界也会变得更加多元……

**8. 思维力训练：用框架解决问题**

你能解决多高难度的问题，决定了你值多少钱。思维能力强大的人，能够随时从众人当中脱颖而出，从而源源不断地为自己创造机会。这是一套教你如何用"思维框架"快速提升能力，有套路地解决问题的课程。

### ◆ 社会能力

**9. 职场礼仪**

我国素享"礼仪之邦"的美誉，礼仪文化源远流长、博大精深。"礼"表达的是敬人的美意，"仪"是这种美意的外显，礼仪乃是"律己之规"与"敬人之道"的和谐统一。礼仪是社交之门的"金钥匙"，是人际交往的"润滑剂"，是事业成功的"法宝"。不学礼，无以立。

**10. 成功走向职场——大学生的 24 项修炼**

通过技能示范、角色扮演、大组和小组讨论、教学游戏、个人总结等体验式教学法，帮助青年人加强个人能力，如沟通、自信、决策和目标设定；帮助青年人发现并分析自己关于一些人生常见话题的价值观；帮助青年人形成良好的自我与社会定位，能够用符合社会认知并且理性的方式解决问题和冲突；帮助青年人构建学以致用的职场技能，提高青年的学习生活与工作效率，让自己更加接近成功。

### ◆ 生活能力

**11. 昆曲艺术**

昆曲，又名昆山腔、昆剧，是"百戏之祖"，属于"阳春白雪"的高雅艺术。昆曲诞生于元末江苏昆山千墩，盛行于明清年间，迄今已有 600 多年历史。昆曲是集文学、历史、音乐、舞蹈、美学等于一体的综合艺术。2001 年，昆曲被联合国教科文组织授予"人类口述和非物质遗产代表作"称号。

**12. 投资与理财**

投资理财并不只能帮助我们达到某个财务目标，它还可以帮助我们建立一种未来感，让我们把目光放得更长远，实现人生目标。本课程通过介绍投资理财的基础理论知识来武装大脑，通过介绍常见的投资理财工具来铸就投资理财利器。"内服"+"外用"，更好地弥补你和"钱"的鸿沟。

### 13. 大学生就业指导与创业

当你对自己的梦想产生怀疑时，生涯规划会为你点亮通往梦想的那盏明灯；当你带着梦想飞翔到陌生的职业世界，却不知如何选择职业时，科学的探索方法将成为你职业发展道路上的"魔杖"；当你在求职路上迷茫时，就业指导带给你一份新的求职心经，陪伴你在求职路上"升级打怪"；当你的目光投向创业却不知什么是创业、如何创业时，我们将为你递上一张创业名片。让我们沿着规划，一路向前，走上属于自己的职业发展之路。

### 14. 学生全程关怀手册

不论是课业疑惑、住宿问题、情感困扰、生活协助或就业压力，我们提供最周详的辅导、服务资讯，协助同学快速解决各类困难与疑惑。

丛书以成果导向为指导理念编写，力求将可迁移的通用能力分解为具体可操作实现的一个个阶段学习目标，相信在这些学习目标的引导下，学习者将构建形成适应当前社会经济发展需要的职业核心能力。

# 前　言

中华民族自古以来崇尚礼仪，素有"礼仪之邦"之美誉。人无礼不立，事无礼不成，国无礼不宁！现代职场离不开人际交往，人际交往离不开礼仪。进入职场，要学礼用礼、以礼待人。注重仪表形象、养成文明习惯、掌握交往礼仪、融洽人际关系，是每个人成长中的必修课。

职场礼仪是面向职场新人开设的一门职业行为能力培养的必修课程，侧重于社会交际准则和行为规范的介绍和分析，重视理论与实际的结合，旨在普及作为职场新人需要掌握的礼仪知识，提高职场礼仪素养和职业综合能力。本书融理论性、指导性、实践性、艺术性和趣味性于一体，通过实操演示、行为纠错、动作示范、启发引导、案例分析等丰富的形式，助力大学毕业生成为有修养、有品位、有风度、有气质、懂得爱人爱己、能够轻松应对商务场景的职场达人。

本书按照应用场景分为七大主题，十个模块，由施萍担任主编，万金芳、许仙、招书考、陈更贵担任副主编。施萍负责编写模块一、二、三的内容，并完成本书统稿工作；陈更贵负责编写模块四的内容；万金芳负责编写模块五、六的内容；许仙负责编写模块七、八的内容；招书考负责编写模块九、十的内容。

本书在编写过程中得到昆山登云科技职业学院院长张进明、教务处处长罗瑜以及其他许多同事的大力支持和帮助。由于我们缺乏编写课本的经验，加之水平有限，错漏之处，在所难免，恳请广大师生批评指正。

编　者

# 目 录

主题一　怎样给人好印象 ...................................................... 1
　模块一　职场礼仪概述 ...................................................... 2
　　任务一　职场礼仪的概念及原则 ........................................ 2
　　任务二　职场礼仪的发展及意义 ........................................ 5
　模块二　职业形象礼仪 .................................................... 10
　　任务一　职业形象的重要性 ............................................ 10
　　任务二　仪表礼仪 ...................................................... 12
　　任务三　仪容礼仪 ...................................................... 27

主题二　举手投足的优雅 .................................................... 33
　模块三　仪态举止礼仪 .................................................... 34
　　任务一　体态礼仪 ...................................................... 34
　　任务二　目光与微笑 .................................................... 39
　　任务三　手势礼仪 ...................................................... 42

主题三　找准位置不尴尬 .................................................... 47
　模块四　位次排列礼仪 .................................................... 48
　　任务一　位次排列的原则和方法 ........................................ 48
　　任务二　行进引领礼仪 .................................................. 51
　　任务三　乘车座次礼仪 .................................................. 54
　　任务四　会议位次礼仪 .................................................. 59
　　任务五　宴会席位礼仪 .................................................. 63

## 主题四　形象的第二张脸 ……………………………………………………… 69

### 模块五　会面交往礼仪 …………………………………………………… 70
- 任务一　称呼与问候礼仪 ………………………………………………… 70
- 任务二　见面礼仪 ………………………………………………………… 76
- 任务三　介绍礼仪 ………………………………………………………… 81
- 任务四　名片使用礼仪 …………………………………………………… 87

## 主题五　沟通联络我有招 …………………………………………………… 93

### 模块六　沟通联络礼仪 …………………………………………………… 94
- 任务一　电话礼仪 ………………………………………………………… 94
- 任务二　邮件礼仪 ………………………………………………………… 97
- 任务三　微信礼仪 ………………………………………………………… 102

## 主题六　待人接物暖人心 …………………………………………………… 107

### 模块七　商务宴会礼仪 …………………………………………………… 108
- 任务一　宴会邀请与准备 ………………………………………………… 108
- 任务二　中餐宴请礼仪 …………………………………………………… 112
- 任务三　西餐宴请礼仪 …………………………………………………… 120

### 模块八　接待拜访礼仪 …………………………………………………… 128
- 任务一　商务接待 ………………………………………………………… 129
- 任务二　商务拜访 ………………………………………………………… 132
- 任务三　商务馈赠 ………………………………………………………… 134

## 主题七　成就职场之未来 …………………………………………………… 139

### 模块九　求职面试礼仪 …………………………………………………… 140
- 任务一　求职前准备 ……………………………………………………… 140
- 任务二　面试中的礼仪 …………………………………………………… 149
- 任务三　面试后礼仪 ……………………………………………………… 160

### 模块十　商业演讲礼仪 …………………………………………………… 163
- 任务一　演讲前的准备 …………………………………………………… 163
- 任务二　演讲时的礼仪 …………………………………………………… 166

## 参考文献 ……………………………………………………………………… 172

## 主题一

## 怎样给人好印象

职场礼仪

# 模块一　职场礼仪概述

礼仪作为一种社会文化现象，反映了一个民族的文明程度和一个国家的国民素质，具体到日常社会生活，更是无处不在，俯拾即是。学习职场礼仪知识，研究职场的礼仪文化和礼仪现象，可以提高个人的道德修养。按照职场礼仪规范去约束和指导个人行为，可以提高个人的职业素养。

### 教学目标

1. 了解职场礼仪的概念。
2. 了解礼仪的起源与发展。
3. 了解东方和西方礼仪的差异。
4. 理解职场礼仪对提高职业素养的作用。

### 知识目标

1. 了解礼仪的起源。
2. 掌握职场礼仪的原则。
3. 了解学习职场礼仪的意义。

### 技能目标

1. 能够形成良好的职业素养意识。
2. 能够理解职场礼仪对提高职业素养的作用。

## 任务一　职场礼仪的概念及原则

### 案例导入

《论语·季氏篇》记录了这样一个故事：有一天，孔子站在庭院里，他的儿子孔鲤从他面前低着头小步快走，孔子问："学诗乎？"孔鲤答："未也。""不学诗，无以言。"于是，孔鲤"退而学诗"。又一天，孔子又站在庭院里，孔鲤又从他面前低着头小步快走，孔子问："学礼乎？"孔鲤答："未也。""不学礼，无以立。"于是，孔鲤"退而学礼"。

思考：你如何理解孔子的"不学礼，无以立"？

## 相关知识

### 一、职场礼仪的概念

礼仪是中华民族的传统美德，源远流长。孔子说："礼者，敬人也。""礼"即尊重，"仪"即表达。人无礼则不立，事无礼则不成，国无礼则不宁。职场礼仪是指人们在职业中共同遵守的行为准则和规范。它既可以单指为职场表示敬意而隆重举行的一种仪式，又可以泛指职场交往的礼节。

随着社会交往的日益扩大，真诚、文明、富有魅力的交往礼仪已成为促进交流、增进友谊、加强合作、促进发展的重要手段。礼仪是无处不在的，它的作用很多。我们应互相理解、宽容待人、培养协作精神，挑起传承礼仪的使命。

### 二、职场礼仪的特征

因各国礼仪存在较大的差异，职场礼仪的特征也根据国家的不同而体现出不同特征。

#### 1. 中国职场礼仪的特征

（1）国际性。

尽管不同的国家、民族和社会制度构成的礼仪有一定差异性，但在讲文明、懂礼貌、相互尊重原则基础上形成的基本礼节，已为世界各国人民所接受并共同遵守。

（2）民族性。

礼仪作为约定俗成的行为规范，在拥有共性的同时，又表现出一种较为明显的民族差异性。

（3）继承性。

礼仪的形成和完善是历史发展的产物，它经过一个又一个时代，不断地去粗取精，剔除糟粕，吸取精华，最后渐渐固定下来。

（4）时代性。

礼仪随着时代的发展而发展，随着社会经济的发展而发展。人际交往日益频繁，礼仪已经渗透到社会生活的各个方面，表现出较为强烈的时代特色。

2. 外国职业礼仪的特征

（1）强调个人至上。

西方人认为，一个人要得到别人的承认，首先必须自我肯定。所以，他们对于自己的能力和成绩总是实事求是地加以评价。宴请的时候，主人会详尽地向客人介绍所点菜的特色，并希望客人喜欢；而被上司委以重任的时候，他们会感谢上司，并表示自己肯定能干好。

（2）强调女士优先。

所谓"女士优先"，是国际社会公认的一条重要的礼仪原则。讲究"女士优先"，并非说明妇女属于弱者，也不是为了讨好妇女，是因为妇女乃"人类的母亲"。在人际交往中给予妇女适当的、必要的优待，实际上就是要表达对"人类的母亲"所特有的感恩之意。在国际社会活动的具体实践中，运用"女士优先"的原则，在人们的交往应酬中已逐渐演化为一系列具体的、具有可操作性的做法。

（3）强调交际务实。

性格特点的差异，以及文化的不同，让中西方在职场交往中展现出不同的特点。中国人相对来说较保守、谨慎，而国外的人相对而言则性格直爽，喜欢直入主题，讲求效率。

## 三、职场礼仪的原则

1. 尊重原则

强调交往双方要相互谦让、相互尊敬，更强调要重视、尊敬对方。在人际交往中，只要不失敬人之意，哪怕具体做法一时失当，也不能算是失礼。对任何交往对象都要予以同样尊重，不应分贵贱，也不必考虑年龄、性别、种族、文化、职业等因素。尊重他人在社交场合要注意三点：给他人充分表现的机会；对他人表现出你最大的热情；给对方永远留有余地。

### 2. 遵守原则

遵守公德、遵时守信、真诚友善、谦虚随和，自觉遵守礼仪，规范自己的言行。在人际交往中如果口是心非、言行不一，当面背后不一样，就会违背学习礼仪的初衷，当然也不会为交往对象所接受。守礼者，定知廉耻、讲道义。礼仪绝不是外表的伪饰，而是发自内心地表现出对他人的尊重、友好，表里如一。

### 3. 适度原则

在应用礼仪规范时，要把握好分寸，恰如其分，适中得体，过犹不及。要求人们运用礼仪时，既要严于律己，更要宽以待人，不可求全责备，过分苛求，得理不让人。要谦虚谨慎，学会入乡随俗，与绝大多数人的做法保持一致。切不可自以为是，指责挑剔他人。

### 4. 自律原则

古人云："己所不欲，勿施于人。"礼仪最重要的就是自我对照反省，自我约束控制，必须从我做起。在职业交往中，在没有任何监督的情况下，职业人员都应依据礼仪规范要求自我、约束自我、对照自我，自我反省、自我检点。在商务交往中，言语不失礼，行动不出格，仪态不失态。

## 任务二　职场礼仪的发展及意义

### 案例导入

上海世博会有7 000万人进园参观，持续五个月的展览也呈现出了国民在社会素养上的一些问题，有网友总结出"观博七宗错"。

第一宗：不排队，爱插队。在等候的人群中，常常发生推挤、插队、叫骂等现象，给人的印象是管理失序，观博者没有耐心。

第二宗：随手扔垃圾，随地小便。在展馆外的排队等候区域里，常

常可见垃圾满地。一个小女孩甚至在德国馆门口小便。

第三宗：进入展馆后大声喧哗。在播放影片的空间内，人们大声说话，手机铃声此起彼伏。

第四宗：假冒残疾人，走绿色通道。有人感叹道："瞧瞧！好好的人，硬是把自己变残了。"

第五宗：任意空间躺下睡觉。有人对此写了一首打油诗："天作被来地作床，仰面朝天大头梦。欲与板凳比身材，曲来拐去陋习惯。"

第六宗：为求留影，见缝插针。有人背着相机不顾一切地挤缝隙，甚至不合时宜地在演出过程中打闪光灯……

第七宗：踩踏草坪。开园时还绿油油的草地，最后出现了"荒漠化"的迹象。

思考：你如何看待"观博七宗错"？

## 一、中国古代礼仪的形成与发展

现代人类学和考古学的研究表明，礼仪起源于人类最原始的两大信仰：一是天地信仰；二是祖先信仰。对于原始人来说，生存繁衍是他们最强烈的企盼，而粮食丰收则是他们赖以生存的物质基础，所以礼仪是他们为祭祀神明以保佑风调雨顺，祈祷祖先显灵以降福免灾而举行的一项敬神仪式。他们希望行了礼，来年就可逃避天灾人祸，就会五谷丰登，有一个好的收成。

人类学家还考证，"礼"字古时候通"履"字，意为鞋子，鞋穿上了更好走路，但大了不行，小了也不行，因此"礼"一定要适度。当然，随着社会的不断进步，礼的含义也不断延伸、不断拓展。

### 1. 奴隶社会：礼仪正式形成

人类在原始社会形态下的历史至少有一百万年，如此漫长的历史，加上没有可供记载的文字，拿不出有关的历史遗存作为佐证，所以原始社会的礼仪只能是礼仪的萌芽。

礼仪的正式形成，应当始于奴隶社会。由于社会生产力的发展，原始社会逐渐解体，人类进入奴隶社会，这时的礼也就被打上了阶级的烙印。为了维护统治，奴隶主将原始的宗教礼仪发展成符合奴隶社会政治需要的礼制，并专门制定了一整套礼的形式和制度。《周礼》《仪礼》《礼记》，即"礼学三著作"的出现，标志着周礼已达到系统、完备的阶段。

2. 封建社会的礼仪

封建社会的礼仪已进入一个发展、变革的时期。礼仪在这一时期成为制约人们思想自由的精神枷锁，形成了以儒家学说为主导的正统的封建礼教。具体做法化为"三纲五常"。"三纲"包括君为臣纲、父为子纲、夫为妻纲，"五常"包括仁、义、礼、智、信，这些都是封建伦理道德的准则。

宋代将封建礼仪推向了一个新的高峰，出现了以程颢、程颐和朱熹理学为代表的天理论。"三从四德"成为妇女的道德礼仪标准。"家教"兴盛，道德和行为规范是这一时期封建礼教强调的中心。

明、清二朝延续了宋代以来的封建礼仪，并有所发展，家庭礼制更进一步严明，将人的行为限制到"非礼勿视、非礼勿听、非礼勿言、非礼勿动"的范畴，使封建礼仪更加完善。

## 二、学习职场礼仪的意义

### 1. 有助于美化个人形象

"美"至少有三个力量。

第一个力量是能吸引眼球。有人把当代经济称为"眼球经济""注意力经济"。"美"能吸引别人的注意力，使自己得到更好的评价。

第二个力量就是能获得帮助。行为学家曾经做过一个测试，他让一位女演员扮演了五个不同的角色，站在马路边拦车。第一个角色是一位白领女性，穿着时装，在马路边等了一分半钟，过了60多辆车后，有人让她搭车。第二个角色是一位孕妇，等了两分多钟，过了100多辆车后，有人让她搭车。第三个角色是一位老年妇女，等了五分钟，过了200多辆车后，有人让她搭车。第四个角色是一位女嬉皮士，穿得破破烂烂的，她等了十五分钟，过了350辆车后，才有人让她搭车。第五个角色是一

位时髦女郎,穿着有线条的服装和高跟鞋,打扮得非常得体、时尚,她等了半分钟,就有人让她搭车了。

由此专家得出一个结论:当我们遇到困难的时候,不是只有年轻才会获得帮助,美丽更容易得到帮助。

第三个力量就是能增进人际间的相互吸引。一个具有良好形象、修饰得体的人,会更令人感到可亲、可敬、有魅力、有能力。我们往往会发现这样一个有趣的现象:孩子们都希望自己的母亲是美丽的,父亲是能干的。

有一位教体操的老师,给上高中的女儿去送雨伞,女儿回家跟母亲说,她感到很自豪,因为她的妈妈漂亮、有气质,同学们都很羡慕她。在工作当中,我们也希望自己的上司、同事是一个美丽、能干的人。

所以,美能增进人与人之间的相互吸引与沟通。我们经常说"出门看天气,进门看脸色"。在办公室工作,应该掌握一个工作方式,有人进办公室来,就应该站起来去迎接,走的时候还要站起来目送。为什么要这样做呢?因为虽然有的事情办不成,但通过友好的态度和行为可以弥补对方心中的遗憾,这是一种良好的工作方法。

当然,美的力量还能让你更好地展示才华,得到尊重等。说到底,我们学习礼仪就是为了从某些方面提升自己的形象。

### 2. 有助于提高个人的文明程度

礼仪不仅是人际沟通的纽带和重要手段,也是个人内在修养和精神风貌的外在体现。学礼仪,有利于人们恪守社会行为规范,有利于塑造良好的个人形象和整体形象,学礼仪常识,遵守礼仪规范,是现代人文明生活的基本要求。

### 3. 有助于促进职业交往,改善人际关系

从个人的角度讲,礼仪是个人顺利进入社会的一把钥匙。礼仪作为一种规范,是人们进行社会交往时必须遵循的一套行为规则,是人们参与社会生活的行为指导,它告诉人们什么场合应有什么样的行为表现。

### 4. 有助于净化社会风气,推进社会主义精神文明的建设

有些人认为,礼仪不过是一些细节,无碍大雅。事实证明,这些细节往往决定了事情、事业的成败。

无论身份高低，人们往往根据一个人的举止来判断他的修养、教养、涵养，确定是否可以合作。不论你有多少财富，也不论你有多少成就，教育程度有多高、资历有多深，你的仪容、仪表、言谈、举止都会描述出你的过去和未来。

在现代社会中，人们常常把礼仪看作一个民族、一个企业的精神面貌和凝聚力的体现。学礼仪、守礼仪，可以净化社会风气，提升个人、企业、社会的精神品位，展示良好形象，推动精神文明建设，促进社会的和谐与发展。

### 三、如何学礼仪

#### 1. 外塑形象

"礼"为基础，"仪"要得体。"仪"包括仪容、仪表、仪态三个方面。仪容应干净整洁，仪表应大方得体，仪态应端庄雅致。懂得如何塑造自己的职业形象，掌握职场中人与人相处的礼仪，和谐人与人之间的关系，做一个受人欢迎的员工，使自己的职场发展一路顺畅，使公司整体形象得到提升。

#### 2. 内强素质

荀子说："礼者，养也。"强调礼仪是每个人皆应具备的为人处世的基本素养。礼仪修养绝不仅仅是一种外在的行为表现形式，它与人内在的道德、文化和艺术修养密切相关，是其内在的道德、文化和艺术修养的反映和折射。

人的精神面貌的塑造，在很大程度上取决于其思想境界、道德情操和文化素养等内在品质，这才是生命美的长青基因。有的人尽管穿着名牌衣服，但他的内在涵养不高，整体也显示不出美的效果；有的人语言的表达很动听，即使着装很俭朴，给人的感觉依然是美的。因此，大学生在学习社交礼仪行为规范的同时，还要注重自己的内在修养，在勤奋求知中不断地充实自己，以提高自己的礼仪水平。

#### 3. 增进交往

亚里士多德说："一个人若不与他人打交道，他不是神，就是兽。"

 职场礼仪

良好的人际关系，可使工作成功与个人幸福获得率达85%。

案例说明：针对10 000人的记录进行分析，成功的因素中85%取决于人际关系，而知识、技术、经验只占15%；某年度、某地区被解雇的4 000人中，不称职的占10%，人际关系不好者则占90%；根据五年的跟踪调查，人际关系好的人平均年薪比优等生高15%，比劣等生高33%。

## 模块二 职业形象礼仪

随着社会的发展，形象的包装不再是明星的"专利"，普通的职场人员对自己的形象也越来越重视。好的形象可以增加一个人的自信，对个人的求职、工作、晋升和社交都起着重要的作用。

### 教学目标

1. 了解职业形象礼仪的基本内容。
2. 掌握仪容、仪表的规范及要求。
3. 了解并重视职业形象的重要性。

### 知识目标

1. 掌握基本的仪容礼仪。
2. 掌握基本的仪表礼仪。

### 技能目标

1. 能够形成良好的职业形象意识。
2. 能够提高审美意识。

### 任务一 职业形象的重要性

#### 案例导入

有一次林肯总统面试一位新进的人员，后来他没有录取那位应聘者，

幕僚问他原因，林肯说："我不喜欢他的长相！"幕僚非常不服，问道："难道一个人天生长得不好看，也是他的错吗？"林肯回答："一个人四十岁以前的脸是父母决定的，四十岁以后的脸却是自己决定的。一个人要为自己四十岁以后的长相负责任。"

思考：林肯总统所说的"脸"指什么？它有何作用？

《礼记·冠义》，说云："礼义之始，在于正容体，齐颜色，顺辞令。"这就告诉我们，讲究礼仪的基本要求是：从自身言谈举止开始，做到衣着整洁，表情端庄、说话和气。"衣冠不整，恕不接待"是在许多公共场所经常见到的文明提示语，反映出文明礼貌在社交场合的重要性。

职业形象的重要性主要体现在以下几个方面。

### 一、初次见面建立良好的第一印象

得体的塑造和维护个人形象，会给初次见面的人以良好的第一印象，包括发型、着装、表情、言谈举止、待人接物、妆容及饰品等。在正式场合下，一个人的言谈举止可以体现一个人的内在品质。

美国一位形象设计专家对美国财富排行榜前300位中的100人进行过调查，调查的结果是：97%的人认为，如果一个人具有非常有魅力的外表，那么他在公司里会有很多升迁的机会；92%的人认为，他们不会挑选不懂得穿着的人做自己的秘书；93%的人认为，他们会因为求职者在面试时穿着不得体而不予录用。

现实中也有很多这样的例子，同样是参加一个招聘会，有的人因为得体的穿着和良好的表现，在求职的过程中取得了很好的职位，而有的人因为没有注意到这点而与机会失之交臂。

从衣着、仪表、言谈举止这些细节入手，不断提高自身素质，既是尊重别人的表现，也是博得对方好感和尊重的开始。

### 二、代表组织或企业的对外形象

服饰礼仪是人们在交往过程中为了表示相互的尊重与友好，达到交

往的和谐而体现在服饰上的一种行为规范。个人形象不是个人性的,它承担着一个组织或企业的对外形象。服饰礼仪、职业礼仪渐渐成为企业员工的必修课。

著名企业家潘石屹总是穿着黑衣服,戴着黑框眼镜,他说这种着装并不是什么特意的形象设计,只是觉得别的颜色驾驭不住,怕穿了不合适。而黑色很简单,在正式、非正式的场合都适合,尤其是要参加很多活动时,黑色可以以不变应万变。

着装没有必要讲究名牌,保持形象的连贯性即可。千万不要今天这样,明天那样,这样会给人一种不稳定的感觉。

### 三、个人形象是沟通工具

俗话说"人靠衣服马靠鞍",商业心理学的研究告诉我们,人与人之间的沟通所产生的影响力和信任度,来自语言、语调和形象三个方面。它们的重要性所占比例是:语言占7%;语调占38%;视觉(即形象)占55%。由此可见形象的重要性。

而服装作为形象塑造中的第一外表,会成为众人关注的焦点。你的形象就是你自己的未来,在当今激烈竞争的社会中,一个人的形象远比人们想象的更为重要。

一个人的形象应该为自己增辉,当你的形象成为有效的沟通工具时,塑造和维护个人形象就成了一种投资,长期持续下去会带来丰厚的回报,让美的价值积累。有的人有很好的内在却没有机会展示,是因为在还没领到通行证前就被拒之门外了,给事业带来非常大的阻碍。

## 任务二 仪表礼仪

### 案例导入

日本著名的企业家松下幸之助从前不修边幅,企业也不注重形象,因此企业发展缓慢。一天,他理发时,理发师不客气地批评他不注重仪表的问题,说:"你是公司的代表,却这样不注重衣冠,别人会怎么想,连人都这样邋遢,公司会好吗?"从此,松下幸之助一改过去的习惯,开始注意自己在公众面前的仪表仪态,生意也随之兴旺起来。现在,松下电器享誉天下。

思考:仪表的改变给松下电器带来了什么?

得体的穿着,不仅可以使人显得更加美丽,还可以体现出一个人良好的修养和独到的品位。

## 一、职业着装的基本原则

职业场合必须掌握如下职业着装的基本原则。

### 1. 干净整洁原则

服装并非一定要高档华贵,但须保持清洁,并熨烫平整。这样穿起来就显得大方得体,精神焕发。整洁并不完全是为了自己,更是尊重他人的需要,这是良好仪态的第一要务。

### 2. 讲究大方原则

服装的穿着不能给人随意的感觉,要挑选适合自己、款式大方的衣服。

### 3. 协调原则

服装要与职业、体型、肤色协调,色彩3~4种。

不同色彩会给人不同的感受,如深色或冷色调的服装让人产生视觉上的收缩感,显得庄重严肃;而浅色或暖色调的服装会有扩张感,使人显得轻松活泼。因此,可以根据不同需要进行选择和搭配。除了主体衣服之外,鞋袜、手套等的搭配也要多加考究。如,袜子以透明近似肤色或与服装颜色协调为好,带有大花纹的袜子不能登大雅之堂;正式、庄重的场合不宜穿凉鞋或靴子;黑色皮鞋是适用最广的,可以和任何服装相配。

巧妙地佩戴饰品能够起到画龙点睛的作用,增添色彩。但是佩戴的

饰品不宜过多，否则会分散对方的注意力。佩戴饰品时，应尽量选择同一色系。佩戴首饰最关键的就是要与整体服饰搭配统一起来。

**4. TPOR（时间、场合、目的、角色）原则**

（1）时间（T）原则。

不同时段的着装规则对女士尤其重要。男士有一套质地上乘的深色西装或中山装足矣，而女士的着装则要随时间而变换。白天工作时，女士应穿着正式套装，以体现专业性；晚上出席鸡尾酒会就须多加一些修饰，如换一双高跟鞋，戴上有光泽的佩饰，围一条漂亮的丝巾等；服装的选择要适合季节气候的特点，也要与潮流同步。

（2）场合（P）原则。

衣着要与场合协调。与顾客会谈、参加正式会议等，衣着应庄重考究；听音乐会或看芭蕾舞，则应按惯例着正装；出席正式宴会时，则应穿中国的传统旗袍或西方的长裙晚礼服；而在朋友聚会、郊游等场合，着装最好轻便舒适。试想一下，如果大家都穿便装，你却穿礼服就有欠轻松；同样，如果以便装出席正式宴会，不但是对宴会主人的不尊重，也会令自己尴尬。

（3）目的（O）原则。

不同的职场需求对服装的搭配也有不同的要求。要根据不同的交往目的，选择得体合适的服装，给人留下好印象。

（4）角色（R）原则。

服装要符合个人所在职位以及在场合中所承担的角色。

## 二、不同场合服装的应对策略

**1. 公务场合**

公务场合指的是人们置身于工作地点。公务场合对于服装款式的基本要求是：庄重、保守、传统。符合这一要求，适用于公务场合的服装款式有制服、套装、套裙、工作服等，不适合在公务场合穿着的服装款式有牛仔装、运动装、沙滩装、家居装等。

**2. 休闲场合**

休闲场合指的是人们置身于闲暇地点，在公务、社交之外，一人独处，或是在公共场合与不相识者共处的时间。居家、健身、旅游、娱乐、逛街等，都属于休闲活动。休闲场合对于服装款式的基本要求是：舒适、方便、自然。符合这一要求，适用于休闲场合的服装款式为家居装、牛仔裤、运动装等，不适合在休闲场合穿着的服装款式则有制服、套裙、套装、工作服、礼服等。

### 3. 社交场合

社交场合，此处特指人们置身于交际地点，用于在上班之外，在公共场合与熟人交往、共处的时间。在这个意义上，聚会、拜会、宴会、舞会、音乐会等，都是典型的社交场合。社交场合对于服装款式的基本要求是：典雅、时尚、个性。符合这一要求，适用于社交场合的服装款式为时装、礼服、民族服装以及个人缝制的个性化服装等，不适合在社交场合穿着的服装款式，则有制服、工作服、牛仔装、运动装、沙滩装、家居装等。

### 4. 正式的场合

正式的场合要求的规格最高。对男士来说，换上黑色礼服、白衬衫，系上黑色缎质宽腰带，打上黑色领结就可以了。不过衬衫袖子要用袖扣，黑色皮鞋一定是系鞋带式的。女士同样必须穿着礼服，及地长裙或小礼服都可以，时髦漂亮的套装也可以派上用场。

在规格较高的晚宴上，女士需穿一身长款晚礼服，配上适合的珠宝饰品，带精巧的晚宴包，可能还得准备一双长手套。男士必须穿黑色燕尾服、黑色缎带裤子、白色衬衫，打白色领结。在国外，国宴、诺贝尔奖颁奖典礼属于这个等级。

## 三、男士商务着装的原则与规范

### 1. 男士穿西装的"三三"原则

（1）三色原则。

穿西装时，包括上衣、西裤、衬衫、领带、鞋子、袜子在内，全套颜色不宜超过三个色系。

(2) 三一定律。

男士在重要场合穿西装时,身上要有三个要件是同一个颜色,分别是鞋子、皮带、公文包,而且首选是黑色。如果佩戴金属表带的手表,那么金属表带的颜色,应该和眼镜镜框、皮带扣的颜色一致;如果佩戴的是真皮表带的手表,那么它的颜色应该和鞋子、皮带、公文包一样,这样才浑然一体,协调好看。

(3) 三大禁忌。

①袖子上的商标不能不拆掉。②重要的涉外商务交往中,忌穿夹克时打领带。夹克一般属于休闲装,一般来说,和领带搭配,并不谐调。但是也有一些情况是允许的,一是穿制服式夹克时为了统一,二是一些领导在参加内部活动时,为了显得平易近人。③忌穿白袜子或尼龙袜子,或者有花色的袜子,这样会显得不伦不类。

2. 男士西装的穿着规范

(1) 西装色彩与面料的选择。

色彩:在西装的颜色选择方面,正装西装应该选择深蓝、深灰、黑灰色等比较稳重的颜色。因为这些颜色不仅彰显男性的端庄儒雅,而且能将面色衬托得更有光彩。而休闲西装可以是单色的,也可以是多色的,或者有条纹或格子,可以是多样的、鲜艳的,比如灰蓝、浅蓝、绿色、紫色、绛红色等。正装西装如图 2-1 所示,休闲西装如图 2-2 所示。

图 2-1 正装西装

图 2-2 休闲西装

面料：正式的、重要的公关场合要穿正装西装，正装西装一般是纯毛面料或者含毛比例较高的混纺面料。这样的面料悬垂、挺括，显得有档次。

（2）衬衫。

衬衫是与西装搭配的重点，选择衬衫要注意其衣领、腰身、长度合身。与西装搭配的衬衫领型多为方领，色彩为单一色，衬衫衣袖要露出西装袖口2厘米左右，以显出层次。衬衫衣领要高出西装衣领，以保护西装衣领并增加美感。在任何场合，衬衫的下摆务必塞进裤内，袖扣必须扣上。衬衫最好每天清洗，保持整洁而无褶皱，特别是领子和袖口要干净，如图2-3所示。

**图2-3 衬衫穿着**

（3）内衣。

一般衬衫里面不要再穿较厚的棉毛衣衫，如天冷必须穿时，只能在衬衫外面再套一件西装背心或一件羊毛衫，以不显臃肿为度，且不要把领口和袖口露出来。如果长袖衬衫里一定要穿内衣、背心，要选择V领的款式。

（4）领带。

领带是男士衣着品位和绅士风度的象征，凡在比较正式的场合，穿西装都须系领带。领带的长度以到皮带扣中间处为佳，色彩和花纹一般以冷暖相间为好，而且要与年龄、肤色、爱好相协调。领带的系法有普通结（小结）、小温莎结（中结）和大温莎结（大结）三种，如图2-4至图2-6所示。

图 2-4　普通结　　　　　　图 2-5　小温莎结

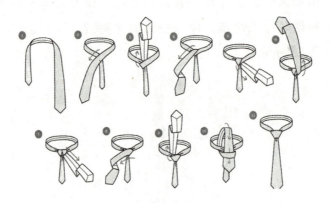

图 2-6　大温莎结

（5）领带夹。

领带夹主要用于将领带固定在衬衫上。领带夹的正确位置应是在衬衫从上往下数的第四粒纽扣上方。如果使用领带链的话，应把领带链挂在第三粒纽扣上，链子下垂时在第四粒纽扣的位置。

（6）鞋袜。

穿西装只能配皮鞋，并保持鞋面的清洁光亮。参加重大社交活动，特别是涉外活动前，一定要擦皮鞋，这是对宾客的尊重。旅游鞋或长筒靴等不宜在正式场合穿着。与皮鞋配套的袜子应选择深色的棉毛袜，忌穿白色袜或其他浅色袜，也不应穿尼龙袜。袜子的长度应在脚踝以上，避免坐下时露出小腿的皮肤，这样有失庄重。

（7）纽扣。

一般在正式场合，单排双粒扣和三粒扣的西装都应扣好上面的纽扣，而将最下方的纽扣散开，这样你坐下时腹部不会隆起而显得鼓鼓囊囊，而且不会让你的形象显得过于呆板。但穿着双排扣西装时，必须一粒不落地将纽扣全部扣上。

在非正式场合，单排扣西装也可不扣纽扣，敞开衣襟的穿法会比较随意、轻松又不失礼。克林顿当年竞选美国总统时经常参加一些亲民的户外集会，就常常以双粒扣敞开式的穿法现身，系上领带但不带领带夹，风吹过来衣襟和领带随风轻扬，十分潇洒。

（8）西裤。

西裤作为西装整体的另一主要部分，要与上装相协调，以构成和谐的整体。西裤长度以接触脚背为宜，裤腰大小以合扣后可插入手掌为佳。穿着西裤时，裤扣要扣、拉链要拉严。

（9）口袋。

无论哪种西装，其外侧口袋都不应装太多东西，上衣外左胸袋只可放置装饰性的口袋巾或参加宴会时的鲜花；外侧下方的两个口袋除临时装单张名片外，也不宜放其他东西；内侧左右的胸袋可放钢笔、钱包或名片，但不宜放过厚的东西，以保持胸部的平挺。

### 3. 男士商务休闲装

现代社会，人人追求个性，商务男士往往也希望自己给别人留下个性、潇洒的印象，这推动了男士休闲服的流行。

男士的休闲服以棉麻织物居多，强调返璞归真、回归自然的风格。男士休闲服可以是全棉的运动衫、毛衣、夹克衫、T恤衫等，能与各式休闲裤搭配。休闲裤子的面料可以是棉、毛或法兰绒等。休闲服的穿着打扮应讲究统一和谐，切忌上身传统、下身休闲。休闲服适合外出游玩、会见朋友时穿，在很多要求不严格的工作环境也可以穿，但在一些正式的宴会、招待会等注重礼仪的场合，还是不穿为好，此时仍以穿西装为宜。

（1）休闲西装。

衣柜中的休闲西装对于大多数现代男士来说是最百搭的，尤其是蓝色羊毛或者山羊绒面料。蓝色的休闲西装基本上可以和任何衣物搭配。例如，条纹或单色衬衫，单色领带、复杂图案的领带或干脆不要领带，

卡其布裤、法兰绒裤或牛仔裤，平底鞋、系带鞋或猎装鞋等。经典的休闲西装可以在办公室里穿，也可以在飞机上等非正式的场合穿。配上黑色衬衣或者黑色套头毛衣，在酒吧也是很合适的。

（2）夹克衫。

夹克衫是市面上最流行、最随意、年龄跨度最大的一种基本的男子服饰，其特点是随意、大方、实用性强，无论正式或非正式场合均可穿着。男士夹克款式多样、质地不一，男士在选择时应根据年龄、肤色、季节等选择合适的夹克。一般而言，冬季，男子夹克以保暖为主，颜色以深暗色为宜；春秋季节，男子夹克以款型轻薄、颜色淡雅为宜。试穿夹克时，以双手能伸展自如为原则。夹克的长度一般比西装和中山装短，宽度上比西装稍大。夹克不能盖住整个屁股，长度以腰节以下、臀部一半以上为好。穿夹克时，宜选择合适的长裤。夹克可以搭配西裤、牛仔裤或休闲裤，但裤筒不宜过于肥大，尤其是个子矮小的男子，裤子更不应太肥、太大，小裤脚不适合搭配夹克穿着。

（3）休闲裤。

适合穿休闲裤的场合一般都很随意，相对于西裤来说，其样式也要丰富一些，男式休闲裤的裤型以直筒为主，可搭配T恤。休闲裤也有肥大的，像滑板裤就极宽松，休闲意味更浓。

在颜色上，男裤大多偏于冷色调，西裤多是深蓝色、铁灰色、咖啡色等，即使是休闲裤，也少见暖色调。到各大商场、服装城的男装区转一转，看看那一条条悬挂着的西裤，你绝对不会产生眼花缭乱的感觉。

4. 配件

（1）公文包。

公文包是男士的隐形名片，男士应选择适合自己职业、身份的公文包。一款适合自己的公文包是品位的象征，优质的选料和大方的设计，都能凸显男性的阳刚之气和优雅内敛的风貌。

商务男士选择公文包如同他们对服装的需求一样，着重强调上乘的品质以及设计的现代，以质地考究、做工精良为标准。选用皮制公文包可以提升整个人的气质。现在有一些塑料品质的公文包也做得很好，挑优质品牌、设计新颖的款式，可以相对加分。

公文包的大小应该保证能够放入 A4 纸张，最好能够放下笔记本电脑。不过，公文包不要太大，否则，会让你看起来好像被工作压得直不起身，过重的公文包可能会对背部或肩膀造成压力。

现代社会，随着笔记本电脑的普及和无纸化办公的发展，电脑包大有取代公文包的趋势。平时的商务活动中，背一个笔记本，电脑包外层再放些文件，也是适合的。

（2）皮带。

在皮带式样与材质的选择上，男士请千万保持低调。黑色、栗色或棕色的皮带配以钢质、金质或银质的皮带扣比较正统合宜，它们既能搭配各种衣服，又适合各种场合，还可以很好地表现职业男士的气质。不要轻易使用式样新奇的皮带。高质量的皮带应该是全皮的或者直接由一块皮子制成，或者使用皮子作为内衬。在比较随意的场合，一条用皮绳编结而成的皮带是不错的选择。不过，最好还是选择与正装和休闲装都可以搭配的皮带。牛皮通常是制作正装皮带的最佳材质。

皮带的宽度应保持在 3 厘米。如果皮带太窄，会失去男性的阳刚之气；太宽的皮带只适合于休闲、牛仔风格的裤子。皮带的长度应该大于裤子的腰围。如果你穿 35 号的裤子，就应该选择 36 号的皮带。简言之，皮带的长度应该比裤子的腰围长 5 厘米左右。

在搭配上，服饰对皮带的选择也会有一定的影响。黑色的裤子应配黑色的皮带。黑色的皮带可谓"万能皮带"，因为它与任何服饰搭配都不会特别显眼。选择皮带时，不要忘记确定它的宽度要与裤子上的皮带环相当。如果你有一身时髦漂亮的套装，不妨用背带代替皮带。但是，请不要在穿卡其布材质的裤装时使用背带，也不要背带、皮带一起用。

很多男士喜欢将手机、钥匙等物品挂在皮带上，这往往会给他的形象减分，因为这会给人邋遢、随意的感觉。简洁、干练是一个男士商务形象的主要特征。

（3）腕表。

腕表是商务男士不可或缺的符号之一，品牌表虽然价格贵了一些，

但却往往成为谈判成功的秘密武器。所以，如果有可能，男士尽量要拥有一块证明自己身份的腕表，腕表的选择要注意尊贵、大方的特点，不能过分夸张。

（4）男士戒指。

男士戴戒指现在已经很普遍了，有些是订婚或结婚戒指，有些是装饰性的戒指。男士宜选择较粗大的金银戒指，一般不宜戴镂空的或镶嵌他物的戒指。男士一般戴一枚戒指，不宜戴两枚以上的戒指；戒指的图案不要太过花哨，应显示出男子的阳刚之气。

（5）眼镜。

眼镜的佩戴应与脸型相协调：粗犷豪放的方形脸宜选用的是架粗沉稳的大方型镜架；下巴消瘦的尖形脸则适宜选用架型纤细、镜框下角呈锐角形的镜架；长脸型的人可以选择色深而不透明的阔边镜腿的镜架，以使脸显得短些；脸型较短的人则应选择镜框底边无色透明的镜架，最好是无框底的镜架，这样就能使视点上移，脸型加长。一般说来，圆脸型不宜使用圆形镜架；椭圆脸型的人镜框不应过分扁圆；脸型清瘦的宜选用轻巧纤秀的镜架，使人感觉文雅清秀。如果双眼间距过窄，可以选配两个镜框之间的镜桥呈透明或淡色的眼镜架；而如果双眼间距过宽，则适宜选用镜桥呈黑色或深色或镜桥上有装饰图案的镜架，以矫正眼距过宽的不足。

### 四、女士商务着装

1. 女士商务着装原则与规范

职业女性形象应该是：干练、靓丽、柔中带刚、整洁细致，同时又不乏亲和力。比较好的做法是从发型、饰品、妆容、服装等各个方面做些细节上的小变化。

（1）大小合适。

一套做工精良的优质面料套裙，穿在一位白领丽人身上，无疑会使其魅力大增。但是，如果真的想让穿在自己身上的套裙美丽而生动，就必须大小相宜。过大或过小、过肥或过瘦的套裙，通常都不会穿出美感。

选购套装时，建议向上抬起双肘，看看腋下部位是否紧绷；向前环抱双肘，看看后背是否活动自如；胸部的凸出与侧腰部位的收腰是否裁剪得刚刚好；坐下时腰腹部会不会产生很多褶皱；衬里的用料和裁剪是否与面料同样讲究。

应当注意的是，上衣的袖长以恰恰盖住穿着者的手腕为好。衣袖如果过长，甚至在垂手立时挡住着装者的大半手掌，往往会使其看上去矮小而无神；袖子如果过短，动不动就使着装者"捉襟见肘"，甚至将其手腕完全暴露，则会显得滑稽而随便。还应注意，上衣或裤子均不可过于肥大或包身。过于肥大会使着装者显得萎靡不振，过于包身的套裙则往往会令着装者不自然。

（2）颜色、图案得体。

套裙以冷色调为主，应当清新、雅致而庄重，以体现着装者的端庄和稳重。藏青、黑等冷色调的套裙都可以，最好不选鲜亮抢眼的颜色。两件套套裙的上衣和裙子可以是一色的，也可以是上浅下深或上深下浅的搭配，这样形成的对比可以强化留给别人的印象。女士商务装如图2-7所示。

图2-7 女士商务装

正式场合穿的套裙，不带任何图案，朴素而简洁。其他场合可以选择以方格为主体图案的套裙，可以使人静中有动，让冷色调的套裙充满活力。一些以圆点、条纹为主体图案的套裙也可以选择，但不能用花卉、宠物、人物等符号作为主体图案。套裙上不要添加过多的点缀，否则会显得杂乱而小气。

（3）穿法合礼。

在穿套裙时，必须依照一定的穿着方法，将其穿得得体到位。尤其要注意的是，上衣的领子要完全翻好，衣袋的盖子要翻出来盖住衣袋；不允许将上衣披在身上或者搭在身上；裙子要穿得端端正正，上下之处务必好好对齐。

需要指出的是，女士在出席正式场合前，一定要抽出一点时间仔细地检查一下自己所穿的衣裙，看看纽扣是否系好、拉锁是否拉好。在大庭广众之下，如果上衣的衣扣漏系，或者裙子的拉锁忘记拉上，都会令着装者尴尬。

（4）考虑场合。

女士在正式的商务交往中，一般以穿着套裙为宜。在涉外商务活动中，则一定要穿套裙。除此之外，则没有一定之规。在出席宴会、舞会、音乐会时，可酌情选择与此类场合相协调的礼服或时装，此刻依旧穿套裙，会使自己与场合"格格不入"，并且还有可能影响他人的情绪。外出观光旅游、上街购物、健身锻炼时，女士一般穿休闲装、运动装等。

（5）搭配适宜。

就配饰而言，女士在穿套裙时的主要要求是以少为宜，合乎身份。在日常工作环境中，可以不佩戴过多的首饰。如果要佩戴的话，腕表、一粒式的耳环或耳钉、胸针或项链任选其一就足够了。不仅如此，穿套裙的女士在佩戴首饰时，还必须兼顾自己职业女性的身份，千万不要佩戴有可能过度张扬自己"女人味"的耳环、手镯、脚链等。

（6）举止得体。

虽说套裙最能够体现女性的柔美曲线，但着装者举止不雅，在穿着套裙时对个人的仪态毫无要求，则必定会毁坏套装本该有的美感。

穿上套裙后，女士要站得又稳又正。不可以双腿叉开，站得东倒西歪，或是倚墙而立。就座以后，务必注意姿态，切勿双腿分开过大，或是翘起一条腿来，抖动脚尖，更不可用脚尖挑着鞋晃动，甚至当众脱下鞋来。

一套剪裁合身或稍为紧身的套裙，在行走或取放东西时，有可能对着装者产生一定程度的制约。由于裙摆所限，穿套装走路时不能大步向前，而应该以小碎步前行。行进过程中，步子以轻、稳为佳，不可走得"咚咚"直响。需要去取某物时，若其与自己相距较远，可请他人相助，不要踮起脚尖、伸直胳膊费力地去够，或是俯身、埋头去拿，以免发生套裙开裂的尴尬情形。

(7) 鞋袜相配。

和套裙配套的鞋子应该是皮鞋，黑色的牛皮鞋最好，也可以选择和套裙色彩一致的皮鞋。袜子可以是尼龙丝袜或羊毛袜。但最好别穿鲜红、明黄、艳绿、浅紫色的袜子。袜子一般有肉色、黑色、浅灰、浅棕等几种常规选择，最好选择单色。

穿套裙时，鞋、袜、裙子之间的颜色必须协调。鞋、裙的色彩必须深于或略同于袜子的色彩。如果一位女士穿白色套裙、白色皮鞋时配上一双黑袜子，就会给人长着一双"乌鸦腿"的感觉。不论是鞋还是袜子，图案和装饰都不要过多。

在和套裙搭配穿着时，鞋袜在款式上也有讲究，可以是高跟、半高跟或盖式皮鞋。系带式皮鞋、丁字式皮鞋、皮靴、皮凉鞋等都不适合搭配套裙。高筒袜和连裤袜，是和套裙搭配袜子的标准。中筒袜、低筒袜不要和套裙同时穿。

另外，鞋袜应当大小相配套，完好无损。不要随意乱穿，更不能当众脱下。不要同时穿两双袜子，也不可将九分裤、健美裤等当成袜子穿。有些女士喜欢有空便脱下鞋子，或是用脚尖挑着鞋子，还有个别人经常将袜子折下去一半，甚至当着外人的面脱去袜子，这些都是不礼貌的行为。

**2. 女士商务着装禁忌**

女士商务着装要提防六大错误。

(1) 上衣暴露。

职场中穿吊带上衣显然不太合适，比较暴露的穿着容易给人不可靠的感觉。如果想穿吊带上衣，不妨多加件外套，围条丝巾，这样就不会

显得过分暴露了。

(2) 下衣过短。

职场女性下半身穿低腰裤时要小心,只要蹲下来就会露出底裤,甚至腹股沟,显得非常不雅。建议搭配较长的上衣或用其他方式来遮掩。至于性感短裤和超短迷你裙,在穿着时都需要多加注意,最好避免穿到办公室去。

(3) 浓妆艳抹。

顶着大浓妆上班,就像作秀一样,不像是要认真工作的样子,所以应该避免。

(4) 指甲艳丽。

又长又艳丽的水晶指甲,虽然漂亮,但是却会妨碍手指的活动,例如打字等,这样就会给人留下一种不专业的印象。

(5) 提包随意。

不要用纸袋代替手提包晃来晃去,这样有损职场白领干练、优雅的形象。

(6) 鞋子露脚。

露出整个脚踝的鞋子太过随便,在办公室里不应该穿这样的鞋子,更不应该穿拖鞋。

### 3. 女士商务着装搭配技巧

由于每个人的身材差异,在选择商务着装时,我们需要扬长避短,选择适合自己的着装。

(1) 颈短的补救技巧。

要是你的脖子又短又粗,就最好不要穿高领衫或立领衫,因为领口直接顶到下巴会显得特别不美观。另外,不要选择深色圆领衫。当你穿黑色圆领衫时,黑色布与白白的颈部皮肤会形成鲜明的对比,效果就好像将颈项切短了一半,这样脖子显得更短。如果你一定要穿高领或立领衫,选择肉色、米色、白色。最好选浅色V领衫,它会让短颈看起来长了一大截。圆领与V领穿着效果对比如图2-8所示。

主题一　怎样给人好印象

图 2-8　圆领与 V 领穿着效果对比

（2）腰长腿短的补救技巧。

如果腰长腿短，又想穿长裤，怎么穿会好看点呢？把人们的注意力往上移，即将上衣的焦点放在领口，像穿荷叶领或戴七彩丝巾等，再穿上暗色长裤便可以了。选择高腰直腿裤型，可以穿一双坡跟鞋，间接加长双腿。

穿裙子时要注意，不要穿窄身直裙。否则照镜子时从前面看不到什么不对，但从后面看，便可看见腰腿的位置，不好看。想穿裙子，最好穿高腰的 A 字裙，没人看得见你的臀部所在，高腰也有把腿加长的效果。

（3）个子矮的补救技巧。

要让身体比例匀称，头、身、四肢要比例协调，衣服要合身。举几个反面例子，你本来头就大，你却烫个卷发，令头看起来更加大。又如，你买了个大手袋，由于肩带太长而拖到了臀部，那么这个尺码太大的手袋便出卖了你身高的秘密。简单而言，个子矮小的人要用小巧的东西。选择短款服装，避免长款服装。可以多露点手臂和腿，剪一个小巧的发型。还有，穿浅色衣服也有一定帮助。

## 任务三　仪容礼仪

一天，黄先生与两位好友小聚，来到某知名酒店。接待他们的是一

位五官清秀的服务员，服务工作做得很好，可是她面无血色，显得无精打采。黄先生一看到她就觉得心情欠佳，仔细留意才发现，这位服务员没有化妆，在餐厅昏黄的灯光下显得病态十足。上菜时，黄先生又突然看到传菜员涂的指甲油缺了一块，他的第一个反应就是"不知是不是掉到我的菜里了"，但为了不惊扰其他客人用餐，黄先生也没有将他的怀疑说出来。用餐结束后，黄先生让柜台内服务员结账，而服务员却一直对着反光玻璃墙面修饰自己的妆容，丝毫没注意到客人的需要。自此以后，黄先生再也没有去过这家酒店。

思考：请指出本案例中服务员在仪容上存在的问题。

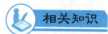

仪容礼仪是职场礼仪中的基础礼仪之一，它主要包括以下几个方面。

## 一、护肤

护理步骤：第一步：用温水湿润脸部；第二步：用洁面乳并使其充分起沫；第三步：轻轻按摩15下，把泡沫涂在脸上轻轻由下往上打圈按摩，不要太用力，以免产生皱纹，大概按摩15下左右，让泡沫遍及整个面部；第四步：清洗洁面乳，用湿润的毛巾轻轻在脸上按，反复几次后就能清除掉洁面乳，又不伤害皮肤；第五步：检查发际周围是否有残留的洁面乳。

为了保持皮肤的状态，平时少吃辛辣食物，烟酒尽量控制。

## 二、职业女士妆容

职业妆切合职业女性的工作特点或与工作相关的社交环境。合适的妆容，不仅能让你赢得别人的好感，甚至可以帮助你得到"专业""能干"的认可。职业新人需要庄重、亲和、干练的妆容。

### 1. 底色无痕

办公化妆受到办公室环境的制约，必须给人一种责任性、知识性的感觉。不妨保持本色、淡妆出场。

（1）粉底。

长期待在空调房里，照明也是冷调的光源，因此，底妆要选择有保湿效果的粉底。尽量选用接近自己肤色的自然色彩，即使肤色偏黑，也不要去挑选颜色低于2号的粉底，以免显得不自然。倘若肤色偏白或偏黄，则在粉底外，再扑上一些粉红、粉紫色的蜜粉，营造白里透红的效果。

（2）胭脂。

职场妆的颜色应以暖调为主，为使肤色更明快，应选择粉红或橙红。腮红不可强于唇彩。晕染的方法一般在颧骨的下方，外轮廓用修容饼修饰。

（3）唇彩。

轻而薄地涂于唇上。记住，唇线不要太明显，否则会显得品位很差。同时，在选择口红颜色的时候，一定要掌握分寸，以不抢眼为好。

### 2. 脸部提神

（1）眼影。

眼影的颜色可以按照不同服装款式和颜色来进行搭配，要越自然越好，大地色和灰色会显得比较自然，适合职业妆。

（2）眼线。

刚劲有力的眼线可以使眼睛更有神。

（3）睫毛。

睫毛膏能使睫毛显得浓密而富有光泽，是塑造"明眸善睐"的秘密武器。强调眼睛中央的睫毛，会令人感到聪明、机灵而有知识性；强调眼睛尾部睫毛，则可营造深邃有质感的眼神。

（4）眉毛。

在办公室里，最好的选择应是稍粗而眉峰稍锐的眉形，显得能干而精明。

（5）唇部。

唇的活动量较大，也是最容易脱妆的部位，手提包包里最好随时带着一个防水且持久的唇彩或者口红，这样就会避免在和同事说话时候脱妆产生的尴尬。

### 3. 仪态大方

职业女性除了妆容上的洁净优雅，也要注意与化妆相关的礼貌礼仪。

应当避免过量地使用芳香型化妆品。工作岗位上应当避免当众化妆或补妆。女士们千万不要当着一般关系的异性的面,为自己化妆或补妆,补妆可以去洗手间。

### 三、职业男士妆容

#### 1. 面部的修饰

职场男士要每天剃须修面以保持面部清洁,如果蓄须,也应该保持胡须干净整齐。

#### 2. 眼睛的修饰

眼睛的清洁很重要,早上起床第一件事就是洗脸,此时要注意眼睛的清洁。非常小的一粒眼屎也会将你当天的形象破坏殆尽。

#### 3. 耳朵的修饰

要经常进行耳部的清洁。如果有耳毛的话,还要及时进行修剪。不过一定要注意,这个举动绝对不应该在工作岗位上进行。

#### 4. 牙齿的保洁

要坚持每天早晚刷牙。牙齿的各部位都应刷到,如果牙齿上有不易去除的牙垢,或是牙齿发黄,可以去医院或专业机构洗牙,一口洁白的牙齿能给人留下美好的印象。

#### 5. 鼻子的保洁

鼻子是面部的"制高点",自然是别人目光的聚焦点。鼻子的修饰重在保养,鼻子及其周围若是长疮、生出"黑头",生出连片的"青春痘",甚至出现"酒糟鼻",就会严重影响美观。

#### 6. 体毛的修饰

(1) 头发。

洗发:任何一个健康、正常的人,头发都会随时产生分泌物,还会不断地吸附灰尘,所以要勤洗头发。

梳理:要使一个人的头发看上去整洁秀美、清爽悦目,应该将其认真梳理整齐,令其线条分明、一丝不苟。

养护:要保护好头发,就要有意识地使之免于接触强碱或强酸性物质,并尽量防止暴晒。洗头时,使用洗发水之后,酌情采用适量的护发产品。

(2) 鼻毛。

平日,许多人不把鼻毛当成问题,那是因为他自己看不到或者根本从未有过这种意识。但是这并不等于鼻毛不会生长,更不等于他人注意不到。在人际交往中,偶尔有黑乎乎的毛"外出",会破坏你在他人心目中的形象。

(3) 腋毛。

成年男人一般长着比较浓密的腋毛,从视觉上讲,它很不美观。因此,白领男士在着装时,应有意识地使腋毛"收敛"起来。

(4) 腿毛。

腿毛如果长得又黑又粗,在别人眼里是毫无美感可言的,必须加以掩饰。在执行公务时,白领男士不准穿短裤或挽起长裤的裤筒,一个重要原因就是一双"飞毛腿"会影响观感。

(5) 胡须。

除了有特殊的宗教信仰与风俗习惯,白领男士不宜蓄留胡须,这既是为了清洁,也是对他人的尊重。应尽量每天修一次面,必要时还须增加次数。

## 主题二
### 举手投足的优雅

# 模块三　仪态举止礼仪

仪态是指人们在行为中展示的姿态和风度，通常是指身体在站立、就座、行走时的样子及各种手势和面部表情等。优雅的仪态不仅让交往对象感觉舒适得体，还体现了行为者自身的修养和品质。同时，姿态也是一种无声的语言，即体示语（Body Language）。一个人的每种姿态都真实地反映着其当时的某种心理状态。

### 教学目标

1. 了解仪态礼仪的内容。
2. 掌握仪态礼仪的规范及要求。
3. 了解仪态礼仪的运用。

### 知识目标

1. 掌握站立、入座、行走等姿态。
2. 掌握表情使用的礼仪规范。
3. 掌握身体语言使用的礼仪规范。

### 技能目标

能够在职场中合理运用仪态举止礼仪。

## 任务一　体态礼仪

### 案例导入

一家公司招聘文秘，由于待遇优厚，去应聘的人很多。文秘专业毕业的文雅丽同学也前往面试，她有较强的文字功底，大学期间，曾在各类刊物上发表了几万字的作品,为三家公司策划过周年庆典,英语过了"六级"。文雅丽同学身高168厘米、体重102斤,容貌姣好。面试那天,文雅丽穿着吊带露脐装,十指上是专为应聘到美容院做的镶有彩钻的甲花,轻盈地走到考官面前,自己坐下,跷起了二郎腿,高跟拖鞋不停地晃动,笑眯眯地等着问话。几位面试交换了一下眼神,只听主考官说:"文小姐,请回去等通知吧。"

思考:1. 这名同学违反了哪些礼仪规范?

2. 该如何帮助她顺利通过面试?

体态又称举止,是指人的行为动作和表情,日常生活中站、坐、走的姿态,举手投足、一颦一笑都可以称为举止。体态与人的风度密切相关,是构成人们特有风度的主要方面。体态是一种不说话的"语言",是内涵极为丰富的语言。举止的高雅得体与否,直接反映了人的内在素养;举止的规范到位与否,直接影响他人的印象和评价。"行为举止是心灵的外衣",它不仅反映一个人的外表,也可以反映一个人的品格和精神气质。端庄文雅、落落大方的举止能给人以深刻良好的印象,获得他人的好感。

体态礼仪主要包括以下几个方面的内容。

## 一、站姿

站姿是人的一种本能,是一个人站立的姿势,是人们静态的身体造型,同时又是动态的身体造型的基础和起点,最易表现人的姿势特征。在交际中,站立姿势是一个人全部仪态的核心。好的站姿,不是只为了美观,对于健康也是非常重要的。

标准的站姿,从正面观看,全身笔直,精神饱满,两眼正视,两肩平齐,两臂自然下垂,两脚跟并拢,两脚尖微微分开,身体重心落于两腿正中;从侧面看,两眼平视,下颌微收,挺胸收腹,腰背挺直,手中指贴裤缝,整个身体庄重挺拔。

## 二、行姿

行走应该能够体现稳健、协调、敏捷、优雅的姿态。其基本要点是身体协调、步伐从容、步态平稳、步幅适中、形成直线。

### 1. 行姿的要求

（1）双目向前平视，微收下颌，表情自然。

（2）双肩平稳，双臂前后自然摆动，双肩不要过于僵硬。

（3）上身挺直，收腹挺胸，身体重心稍稍前倾。

（4）注意步位，行走路线是一条直线。

（5）步幅适当，一般应该是前脚的脚跟与后脚的脚尖相距为一脚长，但因性别不同和身高不同会有一定的差异。步幅与服饰也有关，如女士穿裙装（特别是穿旗袍、西服裙、礼服）和高跟鞋时步幅应小些，穿长裤时步幅可大些。

（6）跨出的步子应全脚掌着地，膝和脚腕不可过于僵直。

（7）前脚着地，后脚离地之时，双腿的膝盖应该保持挺直，避免走路时身体上下起伏。

（8）步速均匀、平衡，在正常情况下不宜跑步前行或散步慢行。

### 2. 错误的行姿

（1）内八字和外八字，步态不雅。

（2）弯腰驼背，歪肩晃膀。

（3）走路大甩手，扭腰摆臀，左顾右盼。

（4）步子太大或太碎。

（5）上下颤动，给人感觉不稳重。

（6）脚蹭地面，给人感觉拖拖拉拉。

（7）双手插在裤兜中行走，给人感觉漫不经心。

（8）横冲直撞，不守秩序。

### 3. 几种特殊情况下的行姿

（1）陪同引导。

陪同时可以走在对方旁侧身后，引导时应该走在对方前方。一般的规则是礼让右方，因此，引导者应走在对方左前方。陪同人员行走的速度要与对方相协调，不可以走得太快或太慢。每当经过拐角、楼梯或道面不平、照明欠佳的地方时，都要提醒对方留意，并伴有必要的手势和采取一些特殊的体位。如请对方开始行走时，要面向对方稍微欠身；在行进中和对方交谈或答复提问时，把头部、上身转向对方。

（2）上、下楼梯。

楼梯上行人来往频繁，所以不要在楼梯上休息，不要站在楼梯上和人交谈或在楼梯上慢悠悠地走。上、下楼梯应坚持"右上右下"原则。上下楼梯、自动扶梯时，都不应该并排行走，而要从右侧上下，让出左边的地方供有急事的人通过。上下楼梯时，不要和别人抢行。如果是陪客人上楼，陪同人员应该走在客人的后面；如果是下楼，陪同人员应该走在客人的前面。

（3）进出电梯。

使用电梯时，如果是无人驾驶的电梯，工作人员必须自己先进后出，以方便控制电梯；如果是有人驾驶的电梯，工作人员则应后进后出。

乘电梯时一般先让里面的人出来，外面的人再进入。进出电梯时，应该侧身而行，免得碰到别人。进入电梯后，要尽量站在里面。人多的话，最好面向内侧或与他人侧身相向。在下电梯前，应做好准备，提前换到电梯门口。

假如单位对专用的电梯有相关的使用规定，就一定要自觉地遵守。有可能的话，工作人员不要和来访客人混用同一部电梯。

（4）出入房间。

进入或离开房间时，应注意几个细节。

第一，先通报。在出入房间时，特别是在进入房门前，一定要先轻轻叩门或按铃，向房内的人进行通报。贸然出入会显得冒冒失失。

第二，出入房门，务必要用手来开门或关门。用肘部顶、用膝盖拱、用臀部撞、用脚尖踢等方式都是不妥的做法。

第三，后入后出。和别人一起先后出入房门时，为了表示自己的礼貌，应当自己后进门、后出门，而请对方先进门、先出门。

第四,为人拉门。在陪同、引导别人时,自己有义务在出入房门时替对方拉门或推门。在拉门或推门后要使自己处于门后或门边,以方便他人进出。

### 三、蹲姿

#### 1. 允许采用蹲姿的情况

(1) 整理着装:有时需要蹲下整理自己的鞋袜。

(2) 给予帮助:如与小孩子交谈或协助运送物品,需要采用蹲姿。

(3) 提供服务:如打扫卫生、摆放行李物品时,需要采用蹲姿。

(4) 捡拾物品:这是采用蹲姿最多的情况。

#### 2. 正确的蹲姿

以捡拾物品为例,如果站在物品的左方,下蹲时左脚在前,右脚稍后(不重叠),两腿靠紧向下蹲(男士两腿之间可有适当的距离)。左脚全脚掌着地,小腿基本垂直于地面,右脚脚跟提起,前脚掌着地。右膝低于左膝,右膝内侧靠于左小腿内侧,形成左膝高、右膝低的姿势。臀部向下,基本上以右腿支撑身体。

伸手取物时,应身体放松,尽量保持上身挺直。弯腰曲背的姿势会影响人体外形美观,也很不雅观,还容易露出腰部。

#### 3. 蹲姿禁忌

(1) 突然下蹲。

自己容易失控,也会引起旁人的惊恐。

(2) 距人过近。

容易与人相撞,产生安全威胁。

(3) 方位失当。

在他人身边下蹲时最好侧身相向,避免正面对人或背部对人。

(4) 毫无遮掩。

着裙装的女士尤其要注意,下蹲时应适当遮掩容易暴露之处。

(5) 蹲着休息。

在公众场合下,蹲着休息的姿态实在不雅。

## 四、坐姿

坐姿的要求：入座时要轻而稳，走到座位前，转身后，轻稳地坐下。女子入座时，若是裙装，应用手将裙摆稍稍整理一下，不要坐下后再站起来整理衣服。面带笑容，双目平视，嘴唇微闭，微收下颌。双肩平正放松，两臂自然弯曲放在膝上，也可放在椅子或沙发扶手上。立腰、挺胸，上体自然挺直。双膝自然并拢，双腿正放或侧放。

## 任务二　目光与微笑

### 案例导入

《林肯传》中有这样一件事：一天，林肯总统与一位南方的绅士乘坐马车外出，途遇一老年黑人向他鞠躬。林肯点头微笑并摘帽还礼。同行的绅士问道："为什么你要向'黑鬼'摘帽？"林肯说："因为我不愿意在礼貌上不如任何人。"1982年，美国举行民意测验，在美国历届总统中挑选一位"最佳总统"，40位总统中林肯名列前茅。

思考：林肯能当选"最佳总统"的原因是什么？

### 相关知识

目光的注视往往是见面交流的第一步。"眉目传情"说的就是目光可以传达人们的思想和感情，并且这种情感的流露比语言更加真实、直接、有效。孟子认为，观察人的眼睛便可知道人的善恶。服务人员在服务中若能善于运用目光，则可以显得更加友善和亲切，更容易得到顾客的信任。

### 一、目光

#### 1. 视域

视域是指人们目光所及的范围。当目光注视某一较小范围超过5秒时，称为凝视。当目光长时间固定于某一焦点时，称为盯视。

目光的凝视区域是指人的目光所落的位置。根据交往对象和交往场

合的不同,目光凝视区域也有所不同,一般分为以下三种情况。

(1) 公务凝视区域。

以两眼为底线、额中为顶角形成的正三角区。这种凝视会显得严肃认真,对方也会觉得你有诚意,容易把握住谈话的主动权和控制权。

(2) 社交凝视区域。

以两眼为上线、下巴为顶角所形成的倒三角区。这种凝视能给人一种平等、轻松感,从而营造出一种良好的社交气氛。

(3) 亲密凝视区域。

双眼到胸部之间的方形区域。这是亲人、恋人、家庭成员之间使用的一种凝视,往往带着亲昵、爱恋的感情色彩,所以非亲密关系的人不应使用这种凝视,以免引起误解。

2. 视线

视线的把握要求人们注意目光注视的角度。视角可以分为三种。

(1) 平视。

观察物与眼睛平齐时,视线水平送出,即为平视。与人交谈时应当尽量做到平视对方。在服务工作中,平视是一种常规要求。平视表现出双方地位的平等,使服务人员可以不卑不亢地投入工作。

(2) 仰视。

抬起头朝上看容易表现出敬仰、高度重视的态度。低着头朝上看往往表示羞涩、胆怯、谦虚、低调。在服务中,仰视并不多用。只有当本人所处位置较对方低时,才需抬头向上仰视对方。

(3) 俯视。

俯视他人往往带有自高自大、傲慢不屑的意味,在服务中应该避免这种注视。如果对方的位置低于自己的眼睛,如客人坐着,服务员站着时,服务员应当轻微俯身,尽量减小俯视的视角差。

3. 目光的运用技巧

(1) 正视对方。

与人打招呼、交谈、致谢、道歉时,如果能够对方看着眼睛的,就会使人感到真诚、友善、信任、尊重。在交谈中,在目光注视对方的同时，应使身体伴随对方的移动而适当转动。要尽量使自己面朝对方、注视对方。这是一种基本礼貌。斜眼看人、扭头视人或者偷偷看人都难以表达出尊重他人的意思。

（2）注视对方。

与人交谈时，往往会伴有目光的交流。面对面交谈时，出于礼貌，服务人员需要注视对方。如果目光左顾右盼、东张西望，对方会感到你心不在焉、缺乏诚意或心中有鬼。注视中应当正确把握视域，在非亲人之间，注视对方的头顶、胸部、腹部、臀部或大腿都是失礼的表现，尤其是在与异性交谈时。

（3）避免盯视、扫视。

目光的运用应该"散点柔视"，即让目光均匀地洒在对方脸上。如果谈话中出现短暂的沉默，应当将视线暂时从对方脸上移开，待恢复交谈时再注视对方脸部。一直盯着对方看，会给对方造成心理压力，让对方感到紧张。

扫视即用目光上下打量他人，这种目光会让被注视的人感觉被怀疑、不被尊重。这是一种对他人极不礼貌的目光，在日常社交中忌用这种目光。服务人员在工作中尤其应当避免对顾客使用扫视。

## 二、微笑

微笑是一种健康的、文明的、令人愉悦的举止，它是无声的语言，是人际交往的润滑剂，是自信、友好、善意的表示。正像一首法国诗里所说："微笑一下并不费力/但它却能产生无穷魅力/受惠者变得富有/施予者也并不贫穷/它转瞬即逝/却往往留下永久的回忆……"微笑可以迅速带来融洽的沟通氛围，它是一种基本的服务岗位礼仪规范。

### 1. 微笑的作用

在日常生活中，笑容有很多种，如大笑、微笑、偷笑、冷笑、嘲笑、怪笑、狞笑、狂笑等。每种笑容都传达出不同的心理，并让人产生不同的感受。只有微笑给人以平静、柔和、亲切、善意、信任之感，从而成为交往中通行的礼貌举止。

在人际交往中保持微笑，至少具有以下作用。

(1) 表现心境良好。

面露平和欢愉的微笑,说明心情愉快、充实满足、乐观向上、善待人生,这样的人更容易展示人格的魅力,也更容易吸引他人。

(2) 表现充满自信。

保持微笑,表明对自己的能力有充分的信心,以不卑不亢的态度与人交往,使人产生信任感,容易被别人真正地接受。

(3) 表现真诚友善。

微笑反映自己心底坦荡、善良友好,待人真心实意,使他人自然放松,不知不觉地缩短了心理距离。

(4) 表现乐业敬业。

在工作岗位上保持微笑,是热爱本职工作、恪尽职守的表现。同时,微笑可以营造一种和谐融洽的气氛,让服务对象倍感愉快和温暖。

### 2. 微笑的要领

微笑是指嘴角上扬的浅笑,往往笑不露齿。但是,在服务接待工作中,尤其是女性服务员,露出牙齿的笑容看上去更加甜美、亲切。因此,有"露出8颗牙齿的微笑最美丽"之说。不论露齿与否,微笑都应面含笑意,笑不出声。微笑时,先要放松自己的面部肌肉,然后让自己的嘴角两端平均地向上翘起,使嘴唇呈现弧形。

平时可以多进行微笑练习。练习时,可以站在镜子前,按照上述微笑的方法反复练习。每次微笑后,保持几秒钟的定型,寻找自己感觉最美的微笑,之后重复多次这一微笑动作。闭上眼睛,继续重复刚才的动作,感觉面部肌肉的位置。在最美的微笑动作熟练成自然后,你就可以随时、轻松地呈现自己美丽的微笑了。

## 任务三 手势礼仪

在1988年的美国总统选举中,布什的对手杜卡基斯,抨击布什是里

根的影子，没有独立的政见。而布什在选民中的形象也的确不佳，在民意测验中一度落后于杜卡基斯十多个百分点。未料两个月后，布什以光彩照人的形象扭转劣势，反而领先十多个百分点，创造了奇迹。原来布什有个毛病，他的演讲不太好，嗓音又尖又细，手势及手臂动作比较死板，身体动作不美。后来布什接受了专家的指导，纠正了尖细的嗓音、生硬的手势和不够灵活地摆动手臂的动作，结果就产生了新颖独特的魅力。在以后的竞选中，布什竭力表现出强烈的自我意识，改变了原来人们对他的评价，终于获得了最后的胜利。

思考：布什获得最后的胜利取决于哪些改变？

### 相关知识

手是体态语中最重要的传播媒介，招手、挥手、握手、摆手等表示着不同的意义。人在紧张、兴奋、焦急时，手会有意无意地进行动作。作为仪态的重要组成部分，手势应该得到正确地使用。手势也是人们交往时不可缺少的动作，是最有表现力的一种"体态语言"，俗话说："心有所思，手有所指。"手的魅力并不亚于眼睛，甚至可以说手就是人的第二双眼睛。手势表现的含义非常丰富，表达的感情也非常微妙。如招手致意、挥手告别、拍手称赞、拱手致谢、举手赞同、摆手拒绝，手指是怒、手捧是敬，等等。

### 一、手势礼仪含义

手势的含义，或是发出信息，或是表示喜恶感情。各种形式多样的手势不仅是人们交流沟通中必须借助的形式，同时也包含着丰富的礼仪。手势礼仪是指在与人交往中恰当地运用手势来表情达意，使自己更优雅和更有风度。戏剧大师萨米·莫尔修曾说："身体是灵魂的手套，肢体语言是心灵的话语。认识肢体语言，等于为彼此开了一条直接沟通、畅通无阻的大道。"

### 二、常用手势礼仪

#### 1. 站立手势

(1) 双手指尖朝下，掌心向内，在手臂伸直后分别紧贴于两腿裤线处。

（2）双手伸直后自然相交于小腹处，掌心向内，一只手在上、一只手在下地叠放或相握在一起。

（3）双手伸直后自然相交于背后，掌心向外，两只手相握在一起。

2. 就座手势

身体趋近桌子，尽量挺直上身，将双手放在桌子上时可以分开、叠放或相握。但不要将胳膊支起来，或将一只手放在桌子上，另一只手放在桌子下。

3. 递接物品手势

以双手为宜，不方便双手并用时，也要采用右手，用左手通常视为无礼。将有文字的物品递交他人时，须使其正面面对对方递上；将带尖、带刃或其他容易伤人的物品递于他人时，切勿以尖、刃直指对方。

4. 展示物品手势

将物品举至高于双眼之处，适于被人围观时采用。

将物品举至上不过眼部、下不过胸部的区域，适用于让他人看清展示之物。

5. 指示方位手势

（1）横摆式，即手臂向外侧横向摆动，指尖指向被引导或指示的方向，适用于指示方向时。

（2）直臂式，即手臂向外侧横向摆动，指尖指向前方，手臂抬至肩高，适用于指示物品所在。

（3）曲臂式，即手臂弯曲，由体侧向体前摆动，手臂高度在胸以下，适用于请人进门时。

（4）斜臂式，即手臂由上向下斜伸摆动，适用于请人入座时。

以上四种形式都仅用一只手臂，另外一只手臂此时可垂在身体一侧或背于身后。

6. 握手手势

注意先后顺序：尊者在先，即地位高者先伸手，地位低者后伸手。

注意用力大小：握手时，握紧对方的手，力量应当适中。

注意时间长短：与人握手时，一般3～5秒即可。

注意相握方式：应先走近对方，伸出右手，掌心向里，握住对方的手掌大部分，双方相握后应目视对方双眼，将手上下晃动两三下。

握手时应伸出右手，不能用左手与人相握。

### 三、常见的错误手势

#### 1. 指指点点

勾动食指或除拇指外的其他四指来招呼别人，用手指指点他人，都是失礼的手势。其中，食指指点他人，即伸出一只手臂，用食指指向他人，其余四指握拢这一手势，有指斥、教训之意，在职场礼仪中最为失礼。

#### 2. 随意摆手

与人交谈或在服务工作中不要随意向对方摆手，即不要将一只手臂伸出，手指向上，掌心向外，左右摆动。也不要掌心向内，手臂由内向外地摆动。这些手势都有抵触、拒绝、不耐烦之意。

#### 3. 双臂交叉于胸前

这种姿势往往有傲慢、生气的意味或置身事外、旁观他人之意。在服务工作中应特别注意避免出现此种姿势。

#### 4. 摆弄手指

日常生活中，经常听到一些男士挤压自己的手指，发出关节的响声，或看到反复握拳松拳的动作，这都会让旁人感到你情绪焦躁。

#### 5. 手插口袋

手插口袋容易给人散漫的感觉，这在工作中应避免出现，尤其是在服务岗位上。

## 主题三

## 找准位置不尴尬

# 模块四 位次排列礼仪

**教学目标**

1. 能够遵守礼仪地进行位次安排。
2. 能够针对不同的车型安排位次。
3. 能够针对不同的场合、桌型安排座位。

**知识目标**

1. 位次排列的原则和方法。
2. 行进引领礼仪。
3. 乘车座次礼仪。
4. 会议位次礼仪。
5. 宴会席位礼仪。

**技能目标**

能够在职场活动中合理安排位次。

## 任务一 位次排列的原则和方法

**案例导入**

鸿门宴上,司马迁着意描述了宴会上的座次:"项王、项伯东向坐;亚父南向坐,亚父者,范增也;沛公北向坐;张良西向侍。"就是说,项羽和项伯面向东坐,范增面向南坐,刘邦面向北坐,张良面向西侍奉、陪席。这一描述看似寻常之笔,实则大有深意,它对表现人物的性格特征具有重要作用。我国是一个礼仪之邦,在古代,座次也是很讲究的,它显示着人们的社会地位，表现着主人待客的不同态度。因此，不同的场合、不同的处所，有着不同的礼节规范。

思考：除上述提到的宴会，生活中，还有哪些地方会使用位次排列礼仪，有何作用？

当下，社会交往的半径加长、频率加大，而要交往就少不了礼仪，职场活动必须遵循职场礼仪。中国历来讲究尊卑，注重位次排序，如果安排不妥，会引来不少误解和麻烦。位次排序问题，实质上是左右与尊卑问题，有其历史沿革、发展演变和丰富的文化内涵。

### 一、位次排列含义

位次，体现了尊卑、高低、长幼，是尊重他人的一种表现形式。坐、请坐、请上座，是中国人待客的基本礼数。位次礼仪是指在各种场合的位次安排中需要遵循的一系列礼仪规范。位次排列表面上排的是座次，实际上排的是尊卑。这些问题在日常生活和工作中无所不在。

### 二、位次排列礼仪应用场合

（1）组织会议时，需要考虑会场位次。
（2）接送客人时，需要考虑乘车位次。
（3）与人交谈时，需要考虑会客位次。
（4）上下楼梯时，需要考虑行进次序。
（5）出入电梯时，需要考虑先后次序。
（6）商务谈判时，需要考虑谈判位次。
（7）公务签约时，需要考虑签字位次。
（8）参加宴会时，需要考虑就餐位次。

### 三、位次排列基本原则

位次安排原则主要包括：以右为上（遵循国际惯例）、居中为上（中

央高于两侧)、前排为上(适用于所有场合)、以远为上(远离房门为上)、面门为上(良好视野为上)。

宴会位次排序原则：以远为上，面门为上，以右为上，以中为上，观景为上，靠墙为上。

座次分布：面门居中位置为主位；主左宾右分两侧而坐，或主宾双方交错而坐；越近首席，位次越高；同等距离，右高左低。

轿车位次排列按照国际惯例安排的原则是：右高左低，后高前低。具体而言，轿车座次的排序自高而低是后排右位、后排左位、前排右位、前排左位。

### 四、位次排列的方法

位次排列的方法分为一般场合位次排列方法和涉外场合位次排列方法。

#### 1. 一般场合位次排列方法

一般场合常见的位次排列方法有两大类，一类是旨在明确区分参与者的不对等关系，另一类是为了显示所有参与者在权力地位上的平等性。

排定主席台位次的一般规则是：就前后排关系而言，前排为尊；就同一排而言，中者为尊；就两侧同位者而言，右者为尊。

就行走、就座而言：两人并行，右者为大；两人前后行，前者为尊；三人并行或并坐，中者为大，右侧次之，左侧更次；上楼梯或上车时，前者为尊，下楼梯或下车时，尊者在一人之后。

就乘小轿车而言，如由驾驶员开车，按汽车前进方向，后排右座为尊位，中座次之，左侧更次，前排司机旁最次；如果是主人亲自驾车，则主人旁边的位置为尊位。

如果礼仪活动的双方或多方的关系是对等的，则排列方法有三种：一是按汉字的笔顺排列；二是按字母顺序排列；三是按回执或抵达的时间先后排列。

#### 2. 涉外场合位次排列方法

在涉外场合，各国的做法并不完全一致，我国在涉外活动中的礼宾次序，一般有以下几种排列的方法。

（1）按外宾的身份与职务高低顺序排列。在官方活动中，通常采用这种方法安排礼宾次序。

（2）按参加国国名的字母顺序排列。在国际会议和国际体育比赛中，一般都采取这种方法。并按英文字母顺序进行排列。

（3）按派遣国通知代表团组成的日期排列，若各国代表团的身份、规格大体相等，通常采用这种方法。有时，还可以按照各国代表团到达活动地点的时间先后，来排列礼宾次序。

礼宾次序所体现的是东道国对各国来宾的礼貌和尊重，是一个极为敏感的问题，不分大国小国、强国弱国、富国穷国，都要求平等和尊重，所以在涉外工作中考虑接待问题时，必须反复加以推敲。在一般情况下，如果外宾的身份、职务相仿，则应以声望、资历和年龄为礼宾次序，我方亦应由与外宾身份、职务对等者出面接待。

## 任务二　行进引领礼仪

### 案例导入

小张是A公司的新员工，负责B公司的商务洽谈接待工作。由于天气炎热，小张穿着短袖短裤。在B公司的人到达门口后，小张想着快点到达会客厅，一路自己快步向前，一语不发，没有对沿路经过的公司区域进行任何介绍，完全不顾B公司的人是否跟得上自己的带引。B公司的领导年龄较大，腿脚不方便，跟在后面累得气喘吁吁。在到达会客厅后，B公司领导的脸色十分难看。

最终这次洽谈失败。小张的领导对小张感到非常不满意。

思考：小张的领导为什么对小张不满意？

### 相关知识

在以引导为主的接待活动中，接待人员要特别注意行进的礼仪，虽

然不至于"一失足成千古恨",但只要一步走错,就是失礼。在职场接待中,行进间礼仪主要包括并排行进礼仪、上下楼梯礼仪、乘坐电梯礼仪、出入房间礼仪。

## 一、并排行进礼仪

两人横向行进,内侧高于外侧。
多人并排行进,中央高于两侧。
对于纵向来讲,前方高于后方。

## 二、上下楼梯礼仪

### 1. 右侧单行

因为楼梯比较窄,并排走会影响他人,所以一般来说,上楼时应右侧单行行进,以前方为上。但也有例外,如男女同行上下楼梯时,宜女士居后;在客人不认路的情况下,陪同引导人员要在前面带路。

### 2. 以客为上

宜单行行进,以前方为上,把选择前进方向权利让给对方。上楼时,引领者先走;下楼时,客户走在前面。

### 3. 保证安全

把内侧(靠墙一侧)让给客人,确保安全第一。与客人并排行进时,位次排列的要求是职务高者走在中央,其次是内侧,再次是外侧。一般情况下,应该让客人走在中央或内侧。

## 三、乘坐电梯礼仪

### 1. 进入电梯的次序

陪同客人或长辈来到电梯门前,先按电梯呼梯按钮。轿厢打开时,若客人不止一人,自己可先行进入电梯,一手按住"开门"按钮,另一手拦住电梯侧门,礼貌地说"请进",请客人进入电梯轿厢。如果是和自己的领导一同乘用电梯,应先按电梯呼梯按钮,请领导先行进入。

无人操作电梯,陪同人员先进后出。

有人操作电梯，陪同人员后进后出。

2. 在电梯内的站立位次

电梯中也有上座、下座之分，视按钮在门的一侧或两侧而有所不同。如果长辈或上级先进电梯，该位置就是上座，下座是离上级最远的位置。如果长辈后来才上电梯，就让出上座位置。电梯内位次如图4-1所示。

图4-1 电梯内位次

## 四、出入房间礼仪

1. 声音轻缓

一般情况下，无论是进出办公大楼或办公室的房门，都应用手轻推、轻拉、轻关，态度谦和。进出房门时，开关门的声音一定要轻，乒乒乓乓地关开门是十分失礼的。进他人的房间一定要先敲门，敲门时一般用食指有节奏地敲两三下即可。

2. 尊老敬客

出入房门时，一般客人或位高者先出先入，表示对宾客的尊重。如双方均为首次到一个陌生房间，陪同人员宜先入房门。如果与同级、同辈者进入，要互相谦让。走在前边的人打开门后要为后面的人拉着门。假如是不用拉的门，最后进来者应主动关门。如果与尊长、客人进入，应当视门的具体情况随机应变，这里介绍通常的几种方法。

（1）朝里开的门。

如果门是朝里开的，接待人员应先入内拉住门，侧身再请尊长或客人进入。

（2）朝外开的门。

如果门是朝外开的，接待人员应打开门，请尊长、客人先进。

（3）旋转式大门。

如果陪同上级或客人走的是旋转式大门，接待人员应自己先迅速过去，在另一边等候。

无论进出哪一类的门，接待人员在接待引领时，一定要口手并用且到位。即运用手势要规范，同时要说诸如"您请""请走这边""请各位小心"等提示语。

### 3. 公共卫生

不在公共办公区吸烟、扎堆聊天、大声喧哗，节约水电，禁止在办公家具和公共设施上乱写、乱画、乱贴，保持卫生间清洁，在指定区域内停放车辆。

饮水时，如不是接待来宾，应使用个人的水杯，减少一次性水杯的浪费。不得擅自带外来人员进入办公区，会谈和接待安排在洽谈区域。最后离开办公区的人员应关电灯、门窗及室内总闸。

个人办公区要保持办公桌位清洁，非办公用品不外露，桌面码放整齐。当有事离开自己的办公座位时，应将座椅推回办公桌内。

下班离开办公室前，应该关闭所用机器的电源，将台面的物品归位，锁好贵重物品和重要文件。

## 任务三　乘车座次礼仪

上海某科技有限公司召开了一次全国客户联络会，公司的江总带着秘书陈小姐亲自驾车到浦东机场迎接某集团的周总。为了表示对周总的尊敬，江总请周总坐到轿车的后排，并让陈小姐在后排作陪。周总到宾馆入住后，对陈小姐说："明天上午八点的会，我会自己打车到现场，就不麻烦你们江总亲自来接了。"

思考：周总为什么会这样说？江总在座位安排上有什么不妥？请你谈谈对往来迎送中乘车礼仪的看法。

坐车的时候，我们应使用乘车座次礼仪来合理安排座次。把不同身份职务的人安排到相应的位置，这是座位安排的核心。

### 一、乘车座次礼仪原则

乘车座次的安排，应该遵循"以右为尊"的原则，同时考虑是否方便上下车、是否有良好视野、乘车的安全性等因素。

在公务接待乘车礼仪中，一般座位排次是比较讲究的。在不同身份、不同阅历、不同经验的人眼里，轿车的上座不一样。

总的来说，座位排序原则是：四个为尊，三个为上，灵活变通。

四个为尊：客人为尊，长者为尊，领导为尊，女士为尊。

三个为上：安全为上，方便为上，舒适为上。

#### 1. 轿车内座位排序原则

关于小轿车的座次安排，上座有三。

一是"社交场合的上座"：如图 4-2 所示。

二是"公务接待"的上座：开车的人是专职司机。这个位置的人伸腿下车，抬腿上车，非常方便。而副驾驶的座位是"随员座"，如图 4-3 所示。

三是"VIP 上座"：位置最安全，如图 4-4 所示。

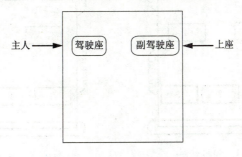

图 4-2 社交场合的轿车座次

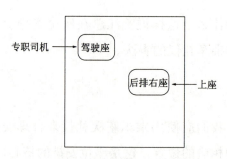

图 4-3 公务接待的轿车座次

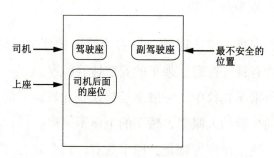

图 4-4 VIP 上座

**2. 双排五座车座次安排原则**

如有司机驾驶时,以后排右侧为首位,左侧次之,中间座位再次之,前坐右侧殿后,如图 4-5 所示。

如果由主人亲自驾驶,以驾驶座右侧为首位,后排右侧次之,左侧再次之,而后排中间座为末席,如图 4-6 所示。

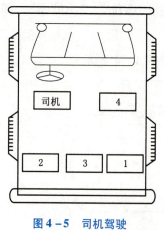

图 4-5 司机驾驶

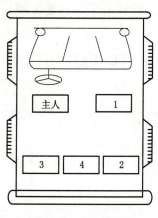

图 4-6 主人驾驶

## 主题三 找准位置不尴尬

### 3. 三排七座车座次安排原则

有司机驾驶时,其副驾驶座被称为随员座,一般为秘书、翻译和接待人员的座位。第三排为尊,第二排次之。同一排座位右尊左卑。司机驾驶时的座次如图 4-7 所示。

主人驾驶时,座位的座次,由尊而卑依次应为副驾驶座、后排右座、后排左座、后排中座、中排右座、中排左座,如图 4-8 所示。

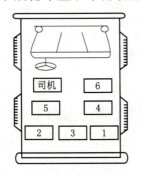
图 4-7 司机驾驶时的座次

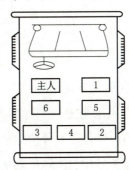
图 4-8 主人驾驶时的座次

### 4. 多排座的中型轿车座次安排原则

无论由何人驾驶,均以前排为上,后排为下;右高左低。中型轿车座次如图 4-9 所示。

图 4-9 中型轿车座次

### 5. 轻型越野车(吉普车)座次安排原则

不管由谁驾驶,其座次由尊到卑依次为副驾驶座、后排右座、后排左座,如图 4-10 所示。

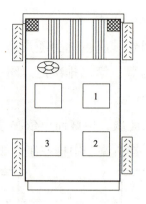

图 4-10　轻型越野车座次

6. 列车座次安排原则

遵循"风景为上""行车方向为上"的原则，与列车方向同向并靠窗的位置为 1 号位，1 号位对面的位置为 2 号位，与列车方向同向并靠过道的位置为 3 号位，3 号位对面为 4 号位，如图 4-11 所示。

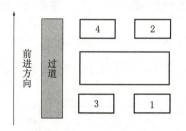

图 4-11　列车座次

## 二、上下车礼仪

上下轿车的先后顺序通常为：尊长、来宾先上后下，秘书或其他陪同人员后上先下。即请尊长、来宾从右侧车门先上，秘书再从车后绕到左侧车门上车。下车时，秘书人员应先下，并协助尊长、来宾开启车门。

上下车注意事项：若是特别尊贵的客人，还应在打开车门的同时礼节性地用另一只手护住车门的上沿，防止客人上车、下车时碰到头部。

主题三　找准位置不尴尬

## 任务四　会议位次礼仪

### 案例导入

小 A 是刚毕业不久的年轻大学生，进入公司之后，他所处理的很大一部分工作是会议组织事务，可这成为他最大的一个烦恼。

由于公司领导众多，会议也多，再加上没有会议主持人进行管理，总是产生议程混乱、座次不明的情况。领导不止一次批评了小 A，小 A 也很委屈，学校里的会议哪有这么麻烦，随便拉到一个教室，两三句话就讲完了，哪里考虑这么多问题。

思考：小 A 缺乏的是哪方面知识？如果你是小 A，你能解决面临的问题吗？

### 相关知识

会议位次礼仪是召开会议时参会人员的座次安排应注意的事项。懂得会议位次礼仪对会议顺利举行有较大的作用。

#### 一、会议位次礼仪原则

（1）会议位次遵循"居中为上""以左为尊"的原则。

（2）按照我国传统，会议第一排的座位以中间为贵，由中间按（贵者）左高右低顺序往两边排开，即第二领导坐在最高领导左侧（若在台下看，即为右方），第三领导坐在最高领导右侧，以此类推。国际流行右高左低，安排涉外会议时，可按国际惯例安排。

（3）主席台必须放置名签，以便与会人员对号入座。

（4）与会双方的座位安排为：尊方人员面门而坐，另一方背门而坐；双方各自座次安排与主席台座位安排一致。

（5）使用长桌或椭圆形桌子，宾主分坐于桌子两侧，相对而坐。

（6）会谈桌横放，面门位置属于客方，背门位置属于主方。谈判桌竖放，以进门方向为准，右侧为客方，左侧属主方。

（7）谈判时，主谈人员应在自己一方居中而坐，其他人员遵循右高左低原则，按照职位高低自近而远地在主谈人员两侧就座。

（8）翻译人员坐于仅次于主谈人员的右边位置或者主谈人身后。

（9）多边谈判，参加谈判各方自由择座。面对正门设主位，发言者去主位发言，其他人面对主位，背门而坐。

## 二、小型会议座次安排

小型会议可以把会场布置成圆桌型或者方桌型，领导和会议成员可以互相看见，大家可以无拘无束地自由交谈，这种形式适合于召开15~20人的小型会议，如工作周例会、月例会、技术会议、董事会等。它的主要特征是全体与会者均应排座，不设立专用的主席台。小型会议的排座，目前主要有以下两种具体形式。

### 1. 面门设座

这种形式一般以面对会议室正门之位为会议主席之座，即尊位。通常，会议主席坐在离会议门口最远的桌子末端。主席两边是参加会议的客人和拜访者的座位，或是留给高级管理人员、助理，以便帮助主席分发有关材料、接受指示或完成主席在会议中需要做的事情。根据不同会议桌的形状，座次安排如图4-12至图4-14所示。

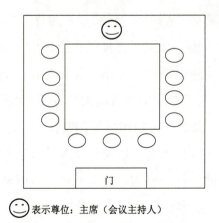

☺表示尊位：主席（会议主持人）

图4-12　方桌

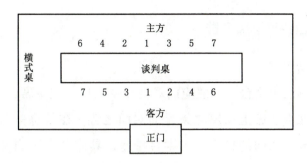

图 4-13　横式桌

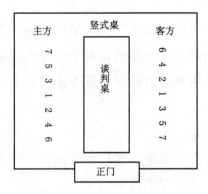

图 4-14　竖式桌

## 2. 依景设座

依景设座是指会议主席的具体位置，不必面对会议室正门，而是应当背依会议室之内的主要景致之所在，如字画、讲台等，如图 4-15 所示。

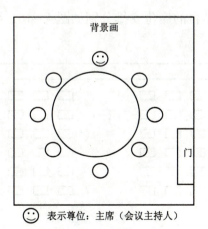

图 4-15　会议桌

## 三、大型会议座次安排

### 1. 主席台排座

大型会场的主席台，一般应面对会场主入口。在主席台上就座之人，通常应当与在群众席上就座之人呈面对面之势。在其每一名成员面前的桌上，均应放置双向的桌签。主席台排座，具体分主席团排座、主持人座席、发言者席位等三个不同方面的问题。

（1）主席团排座。

主席团是指在主席台上正式就座的全体人员。按照中国惯例排定主席团位次的基本规则有三：一是前排高于后排，二是中央高于两侧，三是左侧高于右侧。判断左右的基准是顺着主席台上就座的视线，而不是观众视线。

（2）主持人座席。

会议主持人又称大会主席，其具体位置有三种方式可供选择：一是居于前排正中央；二是居于前排的两侧；三是按其具体身份排座，但不宜令其就座于后排。

（3）发言者席位。

发言者席位又叫作发言席。在正式会议上，发言者发言时不宜坐于原处发言。发言席的常规位置有两种：一是主席团的正前方；二是主席台的右前方。

单排、双排主席台的席位安排分别如图4-16、图4-17所示。

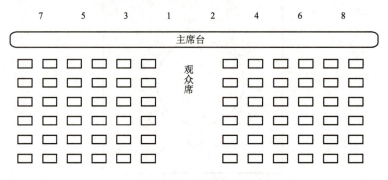

图4-16 单排主席台

主题三 找准位置不尴尬

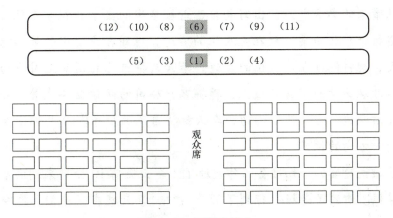

图4-17 双排主席台

2. 群众席排座

在大型会议上，主席台之下的所有座席均称为群众席。群众席的具体排座方式有两种。

（1）自由式择座。

即不进行统一安排，而由大家各自择位而坐。

（2）按单位就座。

这指的是与会者在群众席上按单位、部门或者地位、行业就座。它的具体依据，既可以是与会单位、部门的汉字笔画数、汉语拼音字母，也可以是其平时约定俗成的序列。按单位就座时，若分为前排后排，一般以前排为高，以后排为低；若为不同楼层，则楼层越高，排序便越低。在同一楼层排座时，又有两种普遍通行的方式：一是以面对主席台为基准，从前往后进行横排；二是以面对主席台为基准，自左而右进行竖排。

## 任务五　宴会席位礼仪

### 案例导入

某公司让李云安排客户晚宴，李云收到任务后，首先了解了客户的饮食习惯，选定了晚宴地点，然后提前去晚宴地点进行准备。李云知道对着门的位子是主人位，但为了慎重从事，她还是征求了领班经理的意见，从带来的桌卡中先挑出写着自己老板名字的桌卡放在主人位，再将对方老板张总裁的桌卡放在主人位的右边。想到客户公司的第二把手也很重要，就将他放在主人位的左边。李云又将自己的顶头上司市场总监的桌卡放在桌子的下首正位上，再将客户公司的两位业务主管，分放在他的左右两边。为了便于沟通，李云就将自己的位子与公关部李经理放在了同一方向的位置。

应该说晚宴的一切准备工作就绪了。李云提前10分钟来到酒店的大堂内等候。看到了老板一行到了酒店门口，李云就在送他们到宴会厅时简单地向老板汇报了安排。李云随即又返身回到了酒店大堂，等待着张总裁一行人的到来，客人准时到达。

客户在晚宴中用餐十分愉快，洽谈成功。李云也因此得到公司的称赞。

思考：李云哪些地方做得好？

**相关知识**

泱泱中华，礼仪之邦，饭桌上讲究座次乃是传统美德。民间吃饭，一敬客人，二敬老人，上座一般让给客人或老人。我国的传统做法是"以左为上"，认为居左之位高于居右之位。但实际上，在涉外礼仪中，国际惯例排座次的做法跟中国传统排法正好相反，国际惯例是右高左低。所以在国际交往中也要遵守国际礼仪。

### 一、宴会席位礼仪基本原则

在国际惯例中，在就餐时排列桌次，通常采用圆桌，并且各桌的就餐者宜为双数。在正式的宴会厅内安排桌次时，应遵循以下五大原则，即"面门为上""居中为上""以右为上""以远为上""临台为上"。其实，为了避免因坐错座位而产生不快，隆重的大型宴会会在各餐桌座位前预先摆放座位卡，所发请柬上则标明对应的台号，或由司仪引导，或持柬按图索骥、对号入座，这样就不会出差错了。

男士应当主动居左，而请女士居右。晚辈应当主动居左，而请长辈居右。未婚者应当主动居左，而请已婚者居右。职位、身份较低者应当主动居左，而请职位、身份较高者居右。

## 二、桌次的排列

就座前，应首先辨别出主桌。通常两桌横排时，面对正门右边的桌子是主桌；当两桌竖排时，距离正门最远的那张桌子为主桌。如果桌子数量在三张以上时，遵循的是"以右为尊""以门定位""以远为上"的原则。

## 三、座次的安排

### 1. 座次安排的一般原则

以主人的座位为中心。如有女主人参加时，则以主人和女主人为基准，以靠近者为尊座，依次排列。

夫妇一般不相邻而坐。按西方习惯，女主人坐在男主人对面，男女依次相间而坐。女主人面向上菜的门。我国和其他一些国家则不受此限。

主宾偕夫人出席宴会，而主人的夫人因故不能出席时，通常安排其他身份相当的主方人员在主宾夫人的邻近坐陪，以便招呼攀谈。把主宾及其夫人安排在最尊贵显要的位置上。通常做法是以右为上，即主人的右手是第一尊位；其余主客人员，按礼宾次序就座。

翻译员可安排在主宾的右侧，以便于翻译。有些国家不给翻译员安排席次，翻译员坐在主人和主宾背后工作，用餐另行安排。

在遵从礼宾次序的前提下，应尽可能使相邻就座者便于交谈。例如，在身份大体相同时，把职业、专业相近或使用同一语种的人排在邻近。

主人方面的陪客应尽可能插在客人之间坐，以便同客人交谈，避免只和己方人员坐在一起。

### 2. 座位卡

宴会上准备座位卡是必要的。由中方主办的宴会，中文写在上方（附名衔），外文写在下方（可不附名衔）。座位卡的字体要大，易于辨认。摆放座位卡时要放在易于让人看见的地方，不要被餐巾或菜盘遮挡住。便宴和家宴可不摆放座位卡，但主人应对客人的座位预做安排，心中有数，以免现场忙乱。

## 3. 圆桌的座次

（1）主人的夫人未出席的宴会座次排列如图 4－18 所示。

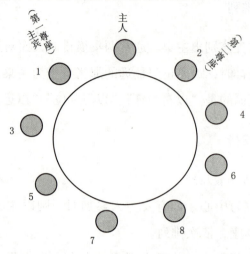

图 4－18　宴会座次（主人的夫人未出席）

（2）邀请夫妇出席、带翻译员的宴会在安排座次时，男主人的右侧是主宾，女主人的右侧是主宾夫人，如图 4－19 所示。

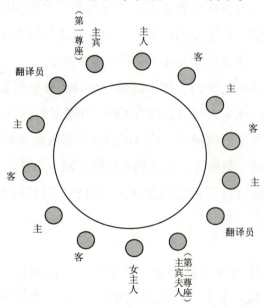

图 4－19　宴会座次（邀请夫妇出席、带翻译员）

（3）主宾带夫人出席、有翻译员的宴会在安排座次时，翻译员也可以坐在宾主之间的后方；若女主人未能出席，则安排身份与女主人大致相当的主方女性陪坐在主宾夫人身侧；主客方尽量间插就座，如图4-20所示。

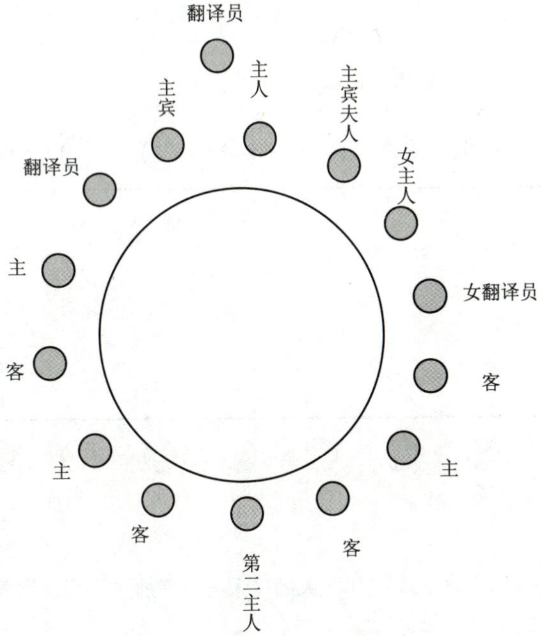

图4-20 宴会座次（主宾带夫人出席、有翻译员）

4. 长桌的座次

（1）邀请夫妇出席的宴会座次排列如图4-21所示。

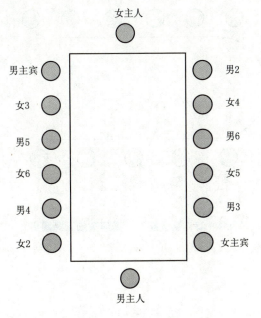

图4-21 长桌座次

(2)主人的夫人与主宾的夫人均未出席时的宴会座次排列如图 4-22 所示。

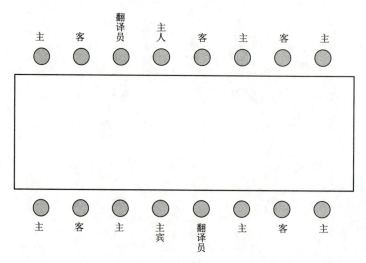

图 4-22 宴会座次（主人的夫人与主宾的夫人均未出席）

5. 椭圆桌的座次

邀请夫妇出席的宴会座次排列如图 4-23 所示。

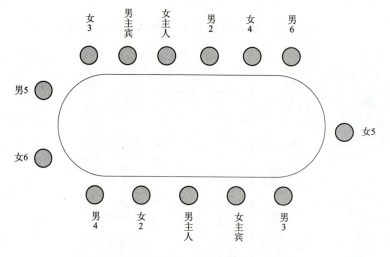

图 4-23 宴会座次（邀请夫妇、椭圆桌）

## 主题四

## 形象的第二张脸

# 模块五  会面交往礼仪

会面交往礼仪是人们进入交际状态实施的第一个礼节,是情感交流的开始,关系到第一印象,是交际活动成功的起点。会面交往礼仪包括称呼与问候、握手与介绍、鞠躬、招手、拥抱、注目礼、名片使用礼仪等。

### 教学目标

了解会面交往礼仪的基本内容。

### 知识目标

1. 掌握称呼与问候礼仪的规范及要求。
2. 掌握见面礼仪的规范和要求。
3. 掌握介绍礼仪的规范和要求。
4. 掌握名片使用礼仪的规范和要求。

### 技能目标

能够在仿真的工作环境中,综合运用会面交往礼仪。

## 任务一  称呼与问候礼仪

### 案例导入

小王今年刚参加工作,年轻的她工作干劲十足,待人也很真诚,对每个同事都很友善,在公司里总是"张姐""马哥"地亲热叫着。某一天,小王陪同客户经理张经理参加客户见面会。其间,小王也像往常一样称呼张经理为"张姐",忙前跑后,自认为圆满完成了任务。但会后张经理严肃地对小王提出了批评,指出她在客户面前表现欠妥,小王疑惑不解。

相关知识

## 一、称呼礼仪

所谓称呼,指的是人们在日常交往应酬中,所采用的彼此之间的称谓语。称呼是交际之始,慎用、巧用、善用称呼,会赢得他人的好感,为以后的交往打下良好的基础;否则,会令对方心里不悦,影响到彼此的关系。

**1. 称呼的种类**

称呼通常根据场合标准来划分其类型,一般有生活中的称呼和工作中的称呼等。对每种场合的称呼应认真区别,细心把握。

在工作岗位上,人们彼此之间的称呼有其特殊性,总的要求是要庄重、正式、规范。

(1) 职务性称呼。

职务性称呼一般在较为正式的官方活动、政府活动、公司活动和学术性活动中使用。以对象的职务相称,以示身份有别,尊敬有加,而且要就高不就低。具体分为三种情况。

①仅称职务,如"董事长""总经理""主任"等。

②职务前加上姓氏,如"王委员""张总理""刘部长"等。

③职务前加上姓名(适用于非常正式的场合),如"王××主席""张××处长"等。

(2) 职称性称呼。

对于具有职称者,尤其是具有高级、中级职称者,在工作中可直接以其职称相称,与职务性称呼一样,下列三种情况较为常见。

①仅称职称,如"经济师""会计师""教授"等。

②职称前加上姓氏,如"马工程师""李研究员"等。

③职称前加上姓名(适用于十分正式的场合),如"王××高级营销师""李××主任医师"等。

(3) 行业（职业）性称呼。

在工作中，有时可以直接以职业作为称呼，如老师、医生、律师、会计等。在一般情况下，此类称呼前，均可加上姓氏或者姓名，如"彭会计""赵老师"等。

(4) 学衔性称呼。

这种称呼有助于增加被称呼者的权威性，同时有助于加强现场的学术气氛。以学衔相称时，可以仅称学衔（如"博士"）、学衔前加姓氏（如"马博士"）、学衔前加姓名（如"马××博士"）。为了让称呼更正式，可以将学衔具体化，说明其所属学科，并在后面加上姓名，如"法学博士马××"。

(5) 姓名性称呼。

在工作岗位中，也可以直接称呼姓名。姓名称呼一般使用于年龄、职务相仿者，或是同学、好友之间。具体有三种情况。

①直呼其名。

②只呼其姓，不称其名。通常会在姓前加上"老""大""小"等前缀，如"老王""小刘""大张"等。

③只称其名，不呼其姓。这种称呼方式比较亲切，有助于拉近人与人之间的距离。

(6) 泛称呼。

在社交场合，由于不熟悉交往对象的详细情况，或因其他原因，仅以性别区分，对男性一律称为"先生"，对女性一律称为"小姐"或"女士"。一般而言，对未婚女性称"小姐"，对已婚女性称"女士"，对年长但婚姻状况不明的女子或职业女性称"女士"。这些称呼均可冠以姓名、职称、衔称等，如"彭先生""马夫人"等。

2. 称呼的注意事项

在使用称呼时，一定要回避以下几种错误做法，否则就会失敬于人。

(1) 使用错误的称呼。

使用错误的称呼，主要是由于粗心大意，用心不专。常见的错误称呼有以下两种。

①误读。误读也就是念错姓名。如"查（Zha）"不能读"Cha"、"盖（Ge）"不能读"Gai"等。姓氏来自祖先，在中国人的心中有崇高的地位，一定不要搞错。为了避免这种情况的发生，对于不认识的字，事先要有所准备。如果是临时遇到，就要谦虚请教。

②误会。这主要指误判被称呼者的年纪、辈分、婚姻状况以及与其他人的关系。比如，将未婚妇女称为"夫人"，就属于误会。

(2) 使用过时的称呼。

有些称呼具有一定的时效性，一旦时过境迁，若再采用，就会贻笑大方。在我国古代，对官员称为"老爷""大人"。若在现代生活中使用这些称呼，就会显得滑稽可笑、不伦不类。

(3) 使用不通行的称呼。

有些称呼具有一定的地域性，比如，天津人爱称人为"师傅"，山东人爱称人为"伙计"，中国人把配偶经常称为"爱人"。但是，在南方人听来，"师傅"等于"出家人"，"伙计"等于"打工仔"。而外国人则将"爱人"理解为进行"婚外恋"的"第三者"。可见使用这些称呼应注意其地域性，以免造成误会。

(4) 使用庸俗低级的称呼。

在人际交往中，有些称呼在正式场合切勿使用，如"哥们儿""姐们儿""死党""铁哥们儿"等称呼，显得庸俗低级；逢人便称"老板"，也显得不伦不类。

(5) 用绰号作为称呼。

对于关系一般者，切勿自作主张给对方起绰号，更不能随意以道听途说的绰号去称呼对方。还要注意，不要随便拿别人的身体特征或姓名乱开玩笑。尊重他人，必须首先学会尊重他的姓名。

(6) 社交称呼的语音禁忌。

应注意上司的姓氏与职务的语音搭配。比如，一位姓符的总经理，如被称为"符总"，可能就会不高兴，最好的方法是只称职务"总经理"或者在正式的场合称呼为"符××总经理"。

3. 称呼的技巧

在商务交往中，尤其是新员工刚进入企业时，对于难以把握的称呼，可以多留意其他人的称呼方式或者直接询问对方。不知者不怪，一般对方会告知合适的称呼。在很多外国企业或有外国人的企业，一般习惯于直呼其名，比如"Tom"，即使是对上级也是如此，在这种情况下，商务人士要懂得"入乡随俗"。在职场中，过分亲密或者过分生疏的称呼都是不提倡的，要根据不同的对象、不同的场合，灵活恰当地称呼对方，以文明礼貌为原则，做一位讲究礼仪的员工。

## 二、问候礼仪

### 1. 问候的规范及方式

问候也就是问好、打招呼，是在和别人相见时，以语言或动作向对方致意的一种方式。在问候的时候，要注意问候的次序、态度、方式三个方面。

（1）问候的次序。

在正式场合，问候要讲究一定的次序。常见的有如下两种情形。

①一个人问候另一个人。两个人之间的问候，通常是位低者先问候，即身份较低者或年轻的人首先问候身份较高者或年长者；男性先向女性问候；未婚者先向已婚者问候；主人先向客人问候。

②一个人问候多人。这时候既可以笼统地加以问候，比如说"大家好"；也可以逐个加以问候。当一个人逐一问候许多人时，既可以由"尊"而"卑"、由"长"而"幼"依次进行，也可以由"近"而"远"依次进行。

（2）问候的态度。

问候是表达敬意的一种方式，态度上需要注意以下几个方面。

①主动。问候别人，要积极、主动。当别人首先问候自己之后，要立即予以回应，不要不理不睬。

②热情。问候别人的时候，通常要表现得热情、友好，不能毫无表情或者表情冷漠。

③自然。问候别人的时候，应自然而大方。矫揉造作、神态夸张或者扭扭捏捏，会给他人留下不好的印象。

④专注。问候的时候，要面含笑意，双目注视对方的两眼，以示口到、眼到、意到，专心致志。不要在问候对方的时候，眼睛看在别处，显得不知所措。

（3）问候的方式。

常见的问候方式一般包括口头问候、书信问候、电话问候、贺卡问候等。在商务会面中，一般有语言问候和动作问候两种。

①语言问候：一般熟人相见，使用频率最高的问候语是"你好"或"您好"，另加"好久没见，近来可好（怎么样）"等。问候语应根据不同场合、不同对象而灵活使用，总的原则是越简单越好。随着社会的发展，人们越来越喜欢用"你好"或"您好"来表达见面时的喜悦和礼貌。

②动作问候：动作问候有点头、微笑、举手、握手、拥抱、吻礼、鞠躬等。与外国人见面时，视对象、场合的不同，礼节也有所不同。对于日本等大多数东方国家，鞠躬是最常见的；欧美人则更喜欢握手或拥抱的礼节；东南亚地区多使用合十礼。在某些特定的场合，采用点头或微笑的问候方式是非常适合的，比如和正在接待顾客的同事打招呼。

## 2. 问候的形式

问候的形式有两种，各有不同的适用范围。

（1）直接式。

直接式问候就是直截了当地以问好作为问候的主要内容。它适用于正式的公务交往，尤其是宾主双方初次相见时，例如"您好！"

（2）间接式。

间接式问候就是以某些约定俗成的问候语，或者以当下比较热门的话题进行开场问候，主要适用于非正式和熟人之间的交往，比如"忙什么呢""您去哪里呀""你听说了吗"等，来替代直接式问好。交谈者可根据不同的场合、环境、对象进行不同的问候，常见的问候语有，以下几种。

①表现礼貌的问候语。根据问候对象的不同，如从年龄上考虑，对少年儿童要问"几岁了"或者"上几年级了"，对成年人问"工作忙

吗"：从职业上考虑，对老师可以问"今天有课吗"，对作家问"又有大作问世了吧"。对朋友、邻居和同事的问候就更为丰富了，如果用得好能贴近关系，增进友谊。

②表现思念之情的问候语。如"好久不见，你近来怎样？""多日不见，可把我想坏了！"等。

③表现对对方关心的问候语。如"最近身体好吗？""来这里多长时间了，还住得习惯吗？""最近工作进展如何，还顺利吗？"等。

④表现友好态度的问候语。如"生意好吗？""在忙什么呢？"等。

这些貌似提问的话语，并不表明真想知道对方的状况，往往只表达说话人的友好态度。被问候者可以把它当成交谈的起始语予以回答，或把它当作招呼语不必详细作答。这样的问候语只不过是一种交际的媒介。

## 任务二　见面礼仪

小李是A公司的普通职员，在一次接待B公司考察团来访时，由于小李与考察团的团长熟识，被列为主要迎宾人员陪同部门领导前往机场迎接贵宾。当考察团团长率领其他工作人员到达后，小李面带微笑，热情地走向前，先于领导与考察团团长握手致意，表示欢迎。小李以为自己的热情行为可以让领导满意，结果他的举动却令其领导十分不满。

思考：小李的举动恰当吗？见面礼中的注意事项有哪些？

### 相关知识

人们在交往过程中往往需要必要的礼节，以表达自己对他人的敬意、友好和尊重。尤其是见面礼节，是给人第一印象，能获得"首因效应"。结合国内外的情况，商务交往中最常用的见面礼有握手礼、鞠躬礼、合十礼和拥抱礼等。

## 一、握手礼

握手礼通常是用来表示欢迎、欢送、祝贺、感谢、慰问、和好、合作时使用的礼节。握手礼是交际中最常见的礼节之一,是一个并不复杂却十分微妙的礼节,应本着"礼貌待人,自然得体"的原则,灵活地掌握和运用行握手礼的时机,以显示自己的修养和对对方的尊重。

### 1. 握手的方法

(1) 握手的姿势。

握手的标准方式是行至距握手对象75厘米至1米处,双腿呈立正姿势,上身略向前倾15度,伸出右手,四指并拢,虎口相交,拇指张开与对方相握。上下稍许晃动三四次,随后松开手,恢复原状。在商务场合中,无论与男士还是女士握手,建议握全掌。只有在个别社交场合,与女士握手可以握手指(半掌)。

(2) 握手的手位。

在握手时,手的位置至关重要。常见的手位有两种,单手相握和双手相握。在单手相握中,最好采用"平等式握手",即与人相握时,手掌垂直于地面,这种握手方式,是商务场合中最常用的,表示自己不卑不亢。双手相握,即用右手握住对方右手后,再以左手握住对方右手的手背。这种方式适用于亲朋故旧之间,可用以表达自己的深厚情谊。此种方式的握手,也称为"手套式握手",一般而言,不适用于初识者和异性,因为它有可能被理解为讨好或失态。双手相握时,左手除握住对方右手手背外,还有些会握住对方右手手腕或对方右手手臂,这种做法一般是面对至交时使用,在正规的商务场合中不要滥用。

(3) 握手的时间。

握手的时间因人、因地、因情而异。通常来说,与他人握手的时间不宜过短或过长,一般控制在3秒以内。尤其是在和异性握手时,应一握即可。如果是和老朋友或关系亲密者握手,可以边握手边问候,时间控制在20秒以内。在多人聚会时,不宜只与某一人长时间握手,以免引起他人的误会。

职场礼仪

（4）握手的力度。

通常情况下，握手时力度要适当，应当稍许用力，不可用力过大，以不握痛对方的手为限，尤其是当男士与女士握手时，更需要注意力度。在德国，握手的力度代表了对对方的尊重和重视程度，力度越大代表着越尊重、越重视对方，所以在与德国人握手时，可以适当加大握手力度。

（5）握手的其他礼仪。

神态专注：与人握手时，理当神态专注，面含笑意，目视对方双眼，并且口头问候。在握手时，切勿显得三心二意，敷衍了事，漫不经心。如果迟迟不握他人早已伸出的手，或是一边握手一边东张西望，甚至忙于跟其他人打招呼，都是极不礼貌的。

姿势自然：向他人行握手礼时，正常情况下应起身站立。坐着与人握手是不合适的。握手时最好的做法是双方站立，彼此将要相握的手各向侧下方伸出，伸直后相握。

### 2. 伸手的次序

一般情况下，握手的"优先决定权"在尊者，也就是尊者先伸手。例如，长辈和晚辈握手，长辈先伸手；上级和下级握手，上级先伸手；男士和女士握手，女士先伸手；老师与学生握手，应由老师先伸手；已婚者与未婚者握手，应由已婚者先伸手；社交场合的先到者与后来者握手，应由先到者先伸出手来。

在一些特殊场合，握手时的伸手顺序应注意以下几点。

（1）在公务场合，握手时伸手的先后次序主要取决于职位、身份。而在社交或休闲场合，主要取决于年龄、性别和婚姻状况。

（2）如果需要和多人握手，握手时要讲究先后次序，由尊到卑。交际时，如果人数较多，可以只跟相近的几个人握手，向其他人点头示意或微微鞠躬即可。为了避免尴尬场面发生，在主动和人握手之前，应想一想自己是否受对方欢迎，如果已察觉对方没有要握手的意思，点头致意即可。

（3）在接待来访者时，应由主人首先伸出手来与客人相握。而在客人告辞时，则应由客人首先伸出手来与主人相握。前者是表示"欢迎"，后者则表示"再见"。

3. 握手的时机

（1）握手的场合。

①迎送客人时。在办公室、家中以及其他一切以自己作为东道主的社交场合，迎接或送别外宾或来访者时，要握手以示欢迎或欢送。拜访他人、慰问同事、进行家访后，在辞行时，要握手以示"再会"。

②在重要的社交活动中表示敬意。如研讨会、宴会、舞会等开始前和结束时，要与来宾握手，以示欢迎与道别。

③表示感谢。他人给予自己一定的支持、鼓励、祝贺、馈赠、帮助或邀请参加活动时，要握手以表示感激。

④向他人表示恭喜、祝贺时。如过生日、晋升、获得荣誉、得到嘉奖时，要握手以表示贺喜。

⑤高兴与问候。遇到久未谋面的熟人时，要握手以示久别重逢而万分欣喜。被介绍给不相识者时，要握手以示自己乐于结识对方，并为此深感荣幸。在社交场合，偶然遇到同事、同学、朋友、邻居、长辈或上司时，要握手以示高兴与问候。

⑥对他人表示理解、支持、肯定时，要握手以示真心实意；得知他人患病，遭受其他挫折或家人过世时，要握手以示慰问。

（2）不宜握手的情况。

①对方手部有伤。

②对方手里拿着较重的东西。

③对方忙着别的事，如打电话、用餐、主持会议、与他人交谈等。

④对方与自己距离较远。

⑤对方所处环境不适合握手。

⑥当自己的手不干净时，应亮出手掌向对方示意，并表示歉意。

4. 握手的注意事项

（1）不要拒绝与别人握手。拒绝和别人握手，是有失身份的。无论谁先向自己伸手，即便对方忽视了握手礼的先后顺序而已经伸出了手，都应看作友好、问候的表示，马上伸手相握。当有手疾、汗湿或手比较脏的时候，也要和对方说一下"对不起，我的手现在不方便"，以免造成

不必要的误会。

（2）不要用左手相握。尤其是和阿拉伯人、印度人打交道时要牢记，因为在他们看来左手是不干净的。

（3）不要在握手时戴着手套、墨镜、帽子。只有女士在社交场合戴着薄纱手套握手，是被允许的。与人握手，应把帽子摘掉，表示一种友善。戴太阳镜，有拒人于千里之外的感觉。

（4）不要在握手时另外一只手插在衣袋里。

（5）不要在握手时点头哈腰，过分客套。

（6）不要在握手时仅仅握住对方的指尖，好像有意与对方保持距离。正确的做法是握住整个手掌。

（7）不要在握手时把对方的手拉过来、推过去，或者上下左右不停地抖。

（8）忌讳与异性握手时用双手。

（9）不要在握手时用力过猛。尤其是当男性与女性握手时，用力一定要适度。

### 二、拥抱礼

拥抱礼是西方国家传统的礼仪。当人们见面、告辞，或者表示祝贺、慰问和欣喜时，常采用拥抱礼。随着国际贸易的发展和国际文化的交流，拥抱礼除了在政府的正式外交场合中使用，逐渐也在我国的生活及商务活动中普及。

正式的拥抱礼，应该是两个人正面对立站立，左脚在前，右脚在后，左手在下右手在上，胸贴胸，手抱背，贴右颊。

行拥抱礼时，需要注意以下问题。

（1）礼节性的拥抱，双方身体不用贴紧，控制拥抱时间，不能用嘴去亲吻对方的面额，同时也不能离得太远，不能翘臀。

（2）在正式外事接待场合，行拥抱礼都为男士，对女士不宜行此礼，而应改行握手礼。

（3）在与外宾使用拥抱礼时，应事先了解对方是否喜欢此种礼节，不可贸然使用。对日本和印度等国家的外宾慎用此礼节。

（4）拥抱时，不能双手抱住对方的腰部或者搭在对方的肩上，这是不符合礼仪规范的。

（5）切记"左手在下，右手在上"和"贴右颊"，否则有碰头的危险。

### 三、拱手礼

拱手礼是中国古代常用的一种礼仪，主要用于见面或感谢。而在现代，拱手礼主要用于佳节团拜活动、元旦春节等节日的相互祝贺。

行拱手礼的时候，一般右手握拳在内，左手在外，因为按照中国传统文化，以左为敬，所以拱手时，左手在外，表示真诚与尊敬。女子行拱手礼时，则正好相反，因男子以左为尊，女子以右为尊。

与西方人不同，中国人讲究以人和人之间的距离来表现"尊敬"，因此拱手礼是体现中国人文精神的一种见面礼仪。

### 四、合十礼

合十礼，又称"合掌礼"，原是古印度的文化礼仪之一，后来演变为日常见面礼节，在东南亚地区较为流行。

一般行礼时，身体直立，面对受礼者，双目注视对方，面带微笑，双掌合于胸前，十指并拢向上，手掌稍向外向下倾斜，上身微微低头，指尖置于胸部或者口部，以示敬意。在行合十礼时，遇到不同身份的人，行此礼的姿势也有所不同。双手举得越高表示对对方的尊敬程度就越高。

晚辈向长辈行礼时，两掌相合后，两手需举至脸部，两拇指靠近鼻尖，指尖举至前额。男行礼人的头要微低，女行礼人除了头微低外，还需向前跨一步，身体略躬。长辈还礼时，只需双手合十放在胸前即可。

## 任务三　介绍礼仪

案例导入

小马是 B 公司的总经理秘书，在一次与 A 公司的商务洽谈中，小马

### 职场礼仪

负责 A 公司领导的接待工作。当 A 公司领导到达时，小马面带微笑向自己的领导介绍 A 公司的领导，接着又热情地向 A 公司领导介绍自己的部门领导。小马自以为此次接待任务完成得相当顺利，但领导却说小马的一些行为不符合礼仪规范，小马很迷惑。

思考：
1. 小马的哪些行为不符合礼仪规范？
2. 介绍礼仪中的注意事项有哪些？

#### 相关知识

介绍是日常交往和商务场合中相互了解的基础方式，是人际交往的桥梁。通过介绍，可以加深彼此的好感和印象，创造良好的沟通机会。介绍一般分为自我介绍和为他人作介绍。

#### 一、自我介绍

从某种意义上说，自我介绍是进入社会交往的一把钥匙。运用得好，可为社会活动的顺利进行助一臂之力，反之则可能带来种种不利。在进行自我介绍时，需要选用恰当的方法，把握好相应的时机和场合，注意顺序，掌握分寸。

1. 自我介绍的方法

（1）应酬式自我介绍。

这种方式适用于某些公共场合和一般性的社交场合，如旅行途中、宴会厅里、舞场之上、通电话时。它的对象主要是进行一般性接触的交往者。这种自我介绍最为简洁，往往只介绍姓名即可。

（2）公务式（商务式）自我介绍。

这种方式主要适用于工作场合，是以工作为自我介绍的中心，因工作而交际，因工作而交友。内容应当包括本人姓名、工作单位及其部门、职务或从事的具体工作等事项。

（3）社交式自我介绍。

这种方式主要适用于社交活动中，是一种刻意寻求与交往对象进一步交流和沟通，希望对方认识自己、了解自己、与自己建立联系的自我介绍方式，有时也叫沟通式自我介绍。内容大体应当包括介绍者的姓名、工作、籍贯、学历、兴趣以及与交往对象的某些熟人的关系等。

（4）礼仪式自我介绍。

这种方式适用于讲座、报告、演出、庆典、仪式等正式而隆重的场合，意在表示对交往对象的友好和敬意。礼仪式自我介绍的内容包含姓名、单位、职务等项，还应多加入一些适宜的谦辞、敬语，以示自己礼待交往对象。

（5）问答式自我介绍。

这种方式适用于应试、应聘和公务交往。问答式的自我介绍，应该是有问必答，问什么就答什么。

### 2. 自我介绍的次序

自我介绍的次序，以"尊者有先知权"为原则，主要有以下五种。

（1）职位高者与职位低者相识，职位低者应该先作自我介绍。

（2）资深人士与资历浅者相识，资历浅者应该先作自我介绍。

（3）长辈与晚辈相识，晚辈应该先作自我介绍。

（4）男士与女士相识，男士应该先作自我介绍。

（5）已婚者与未婚者相识，未婚者应该先作自我介绍。

### 3. 自我介绍的时机

自我介绍一般选择在正式场合，在没有干扰的情况下进行。具体介绍的时机如下。

（1）应聘求职、会议场合可以作自我介绍。

（2）初次前往他人居所、办公室拜访时要作自我介绍。

（3）本人希望结识他人或希望他人了解自己时，可以作自我介绍。

（4）因为业务关系需要与相关人士接洽时，需要作自我介绍。

（5）出差、办事、与别人不期而遇时，为了增加了解和信赖，可以作自我介绍。

（6）参加聚会时，主人不可能一一作细致的介绍，与会者可以与同席或身边的人相互作自我介绍。

#### 4. 自我介绍的注意事项

（1）自我介绍时应把握好介绍的时间点，尤其是在拜访陌生人时，应注意时间适当，先向主人问好，及时、简明地作自我介绍。

（2）自我介绍时应把握好度，要实事求是，真实可信，不可自吹自擂、夸大其词，也不要过分谦虚。

（3）自我介绍时要面带微笑，充满自信，大方、亲切、友善，要善于用眼神表达自己的诚意。介绍时要注意自己的语音、语速和语调，要吐字清楚，做到自然、适中、和谐，让对方产生好感。

（4）自我介绍时，应将自己的姓名和身份说清楚，不要只报姓不说名或只说名不报姓。

（5）自我介绍的时间也应根据具体场合、情况来调整。应酬式自我介绍一般比较简短；而礼仪式自我介绍可以相对较长，但一般不会超过3分钟，注意适可而止。

### 二、为他人作介绍

为他人作介绍，又叫第三方介绍，即第三方为不相识的双方作互相介绍。为他人作介绍需要注意谁充当介绍人、介绍人的姿势、介绍的次序、被介绍人的礼节和介绍的方法等问题。

#### 1. 介绍人的礼节

在他人介绍中，谁为介绍人呢？一般而言，在社交场合，介绍人一般为东道主、长者、家庭聚会中的女主人、专职人员（公关、礼宾、文秘、办公室接待者等）。而在正式活动中，地位、身份较高者或主要负责人，熟悉双方情况者，都可以作为介绍人。

（1）介绍人的姿势。

作为介绍人，无论介绍哪一方，都应手势文雅，手心朝上，四指并拢，拇指张开，胳膊略向外伸，指向被介绍的一方，并向另一方点头微笑。在介绍一方时，应微笑着用自己的视线把另一方的注意力引导过来。态度热情友好，语言清晰明快。

(2) 介绍的次序。

按照国际惯例，介绍的次序按照"尊者有先知权"的原则进行。

将晚辈先介绍给长辈。例如："李教授，让我来介绍一下，这是我的同学张芳。"

将地位低者先介绍给地位高者。例如："彭总，这位是××公司的总经理助理马女士。"

如果双方年龄、职务相当，则把男士先介绍给女士。

将未婚者先介绍给已婚者（当双方地位、年龄相当或性别相同时）。例如：

"刘太太，让我来介绍一下，这位是郭小姐。"如果未婚者年龄比已婚者年龄大很多，可以这样介绍："李女士，让我来介绍一下，这位是我的朋友郭小姐。"

将家人先介绍给同事、朋友。例如："马太太，我想请您认识一下我的儿子丁丁。"

将后到场者介绍给先到场者。如大家的年龄、地位等差不多时，则采用这样的顺序。

在为他人作介绍时，如果被介绍者之间符合其中两个以上的顺序，一般应按长者、职位高者、女士、已婚者、主人、先到场者的顺序。例如，一位年轻女士前来拜访一位比她年长许多的男士，此时应将女士介绍给年长的男性主人。

顺序绝不是可有可无的形式问题，而是涉及个人修养与组织形象，以及社交活动的目的能否达成的问题。

2. 被介绍人的礼节

作为被介绍者，当介绍者询问自己是否有意认识某人时，一般不要扭扭捏捏，或加以拒绝，而应欣然表示接受，要表现得非常愿意结识对方。被介绍时，应主动热情，面对对方，面带微笑，热情大方。等介绍完毕后，可以点头或握手并说"您好，很高兴认识您"或"久仰大名，幸会，幸会"等客气话，必要时还可以进一步作自我介绍。一般情况下，被介绍时应起立，注意站姿，女士、长者有时可不用站起。在宴会、谈

判会上,只略欠身致意即可。在介绍的过程中,按礼仪规范微笑致意、握手或递送名片。

### 3. 介绍的方法

介绍的方法大体上可以分为以下几种。

(1) 简单式。

只介绍双方姓名,甚至只提到双方姓氏,适用于一般的社交场合。

(2) 公务式。

公务式也称标准式,以介绍双方的姓名、单位、部门、职务等为主,适用于正式场合。

(3) 推荐式。

介绍者经过精心准备再将某人举荐给另一个人,介绍时通常会对前者的优点加以重点介绍,适合比较正式的场合。

(4) 礼仪式。

这是最为正规的介绍,适用于正式场合,其语气、表达、称呼都更为规范和谦恭。

### 4. 介绍集体

介绍集体是指介绍的一方或者双方不止一个人。介绍集体时,可以分为两种基本形式。

(1) 单项式。

当被介绍的双方一方为一个人,另一方为多人的时候,往往可以只把个人介绍给集体,而不必再向个人介绍集体。

(2) 双向式。

当被介绍的双方都是多人组成的集体时,双方的全体成员都要被正式介绍。在商务交往中,这种情况比较多见。常规做法是:先由主方负责人出面,依照主方在场者的具体职位,自高而低地依次进行介绍;再由客方负责人出面,依次介绍。

## 任务四 名片使用礼仪

**案例导入**

A 公司和 B 公司的老总就一笔双赢的生意进行洽谈。在初次见面时，A 公司的老总首先拿出名片，恭敬地递上。B 公司的老总接过名片后，一眼没看就放在桌子上，急着与 A 公司的老总谈生意。在洽谈过程中，B 公司的老总多次喝茶后，把茶杯压在 A 公司老总的名片上，名片上面留下了茶水的痕迹。A 公司老总看在眼里，最后决定不与 B 公司合作。

思考：1. A 公司老总不与 B 公司合作的原因是什么？

2. 使用名片时应该注意哪些礼仪？

**相关知识**

名片是人与人初次见面的介绍卡，是人们用作交际、联系业务、结交朋友或送给他人作为纪念的一种介绍性媒介物。在现代社会，人们越来越重视名片的使用。然而在人际交往中，这些小小的卡片往往会使人不知所措。名片上究竟印什么比较得体，应该什么时候出示名片，如何递送名片、接受名片，面对重要人物时该如何索要名片等一系列礼仪规范需要我们了解并掌握。

### 一、商务名片的设计

名片的设计可以体现出一个人的审美情趣、品位和个性。雅秀、脱俗、活泼、平和、张扬等个性特征，都能通过方寸之间的字体、布局、颜色、材料和内容等展现出来。你的名片不仅旨在向未来的客户介绍你本人和你的公司，还代表着你的职位和职称，更代表着你的形象和企业形象。因此，一定要精心设计名片。

#### 1. 名片的内容设计

名片直接承载着个人及企业的信息，担负着保持联系的重任，名片

一般包括以下信息。

(1) 姓名。

这是名片中最重要的部分,一般而言使用本名。为了给人留下深刻印象,名字的设计上可以做一些特殊的处理。例如,利用手写签名后拍成照片再印到名片上。对于生僻字或者多音字,最好能在下面印上拼音或英文名字,以免读错。

(2) 职务。

应标明最重要的和最主要的一至两项职务,很多名誉或其他次要职务则无须列出,不然会给人一种华而不实的感觉。

(3) 学位和职称。

学位和职称一般是学历与资历的象征和证明。高学位和高职称一般可以在名片上标明。

(4) 公司名称。

公司名称也是名片的重要内容,名片上应注明公司或企业的全名,而不能只写简称或缩写代码。如果一个人从事两种以上的职业,可以都印在名片上。

(5) 地址。

一般而言,公司的地址是名片的必备内容,应该标注公司或企业的办公地址,有时还加印分公司的地址,以显示公司的规模。另外,公司的网址也属于地址的一种,可印在名片上。

(6) 联系方式。

在名片中,应标注最主要的办公联系电话、传真号码和手机号码,电子邮件地址或者QQ号也可以作为联系方式印到名片上。

(7) 商标或服务标志。

在名片中印上企业的商标或服务标志,有利于加深对方对所属企业的印象。有的企业还有自己的标志色,拥有标志色的名片,对宣传企业的意义较大。

(8) 企业口号。

将企业的口号印于名片上,并且与企业形象、企业名称或广告词相呼应，有利于加深客户印象，提高企业的知名度。

(9) 照片、祝福语或格言。

在名片上印上个人的照片，通常在服务业或保险业比较常见，以便让客户有深刻的印象。另外，在制作一些比较前卫的个性名片时，也可将个人的写真照片印到名片上，以体现自我。祝福语或格言多用于个人名片，具有加深对方印象的作用，和企业口号有着异曲同工的妙用。

2. 名片的形式设计

名片的内容设计固然重要，但名片的纸张质地、尺寸、色彩、字体等的选用也需要充分讲究，精心设计，才能给人留下深刻的印象。

(1) 名片的规格设计。

目前国内通用的名片规格为长9厘米、宽5.5厘米，这是制作名片时应当首选的规格。此外，名片还有另外两种常见的规格：10厘米×6厘米和8厘米×4.5厘米。

(2) 名片的材质设计。

印制名片，最好选用耐折、耐磨、美观、大方的白卡纸、再生纸、合成纸、布纹纸、麻点纸、香片纸。至于高贵典雅、纸质挺括的皮纹纸，则可量力而行，酌情选用。必要时，名片还可覆膜。

(3) 名片的色彩设计。

印制名片的纸张颜色，宜选用庄重朴素的白色、米色、淡蓝色、淡黄色、淡灰色，并且以一张名片一色为好。

(4) 名片的图案设计。

在名片上，允许出现的图案除了纸张自身的纹路，还可以有企业标识、企业蓝图和企业主导产品等，但以少为佳。

(5) 名片的文字设计。

目前，在国内使用的名片，宜用简体汉字，不要故弄玄虚，使用繁体汉字。

## 二、名片使用的时机

在商务交往中，若想通过发放名片达到最好的效果，一定要把握好

职场礼仪

出示名片的时机。通常情况下,名片发放的时机有下列几种情形:希望认识对方,被介绍给对方,对方向自己索要名片,对方提议交换名片,打算获得对方的名片,初次登门拜访对方。

在实际操作过程中,还必须注意下列事项。

(1) 对于陌生人或巧遇的人,不要在谈话中过早发放名片。因为这种热情一方面会打扰别人,另一方面有推销自己之嫌。

(2) 不要在一群陌生人中到处传发自己的名片,这会让人误以为你想推销什么物品,反而不受重视。在商业社交活动中,要有选择地发放名片,才不会使别人以为你在搞宣传、拉业务。

(3) 处在一群彼此不认识的人当中,最好让别人先发名片。名片的发放可选在刚见面或告别时。但如果自己即将发言,可在发言之前发放名片,帮助他人更好地认识你。

(4) 出席重大的社交活动,一定要记得带名片。

(5) 参加私人或商业餐宴,名片皆不可在用餐时发送,因为此时只宜从事社交而非商业性的活动。

### 三、名片使用的礼仪

名片使用的礼仪涉及递送、接受和索要三个环节,是递接双方都应注意的规范。

#### 1. 递送名片的礼仪

(1) 递送名片前的准备。

递送名片前,应事先准备好名片,名片一般放在上衣内侧的口袋或提包的专用名片夹里。切勿把名片放在钱包中,以免漏财,给对方留下不好的印象;也不能乱放名片,以免左翻右找,既显得不礼貌,也给对方一种忙乱、不专业的感觉。

(2) 递送名片时。

递送名片时应起身站立,上身微前倾,呈鞠躬状,面带微笑走近对方,名片正面朝向客人,用双手的拇指和食指分别握住名片上端的两角,恭敬地送到对方胸前。递送时可以口头表示"我叫××,这是我的名片,请多多关照"等。

（3）递送名片的次序。

递送名片应遵循"尊卑有序"的原则，即地位低的人首先把名片递给地位高的人。比如，晚辈先递给长辈，下级先递给上级，男士先递给女士，主人先递给客人。当对方不止一人时，应先将名片递给职位较高或年龄较大者。如果分不清职位高低或年龄大小时，可以依照由近而远、不跳跃的方式递送，也可采用沿顺时针方向依次递送的方法。

### 2. 接收名片的礼仪

（1）接收名片时。

接收他人名片时应起身或欠身迎接，面带微笑，恭敬地用双手的拇指和食指接住名片的下方两角并轻声说"谢谢"等。接过名片后，用30秒以上的时间认真地把名片上的内容看一遍，根据需要可以将名片上重要的信息读出来，一般需要重读的是对方的职务、头衔、职称，以示仰慕，不认识的字应主动向对方请教。

（2）存放名片时。

看完名片后，应郑重地将名片放入名片夹中或上衣内侧的口袋之内，并表示谢意。如果是暂时放在会谈的桌子上以便之后使用，则忌在名片上放其他物品，以示尊重。接收的名片千万不能随便乱放，不要弄脏或弄皱，也不应反复把玩。如果把名片放在桌子上，记得离开时带走，否则会让对方感觉不被重视，引起反感。

（3）回赠名片时。

接受名片的一方如有名片也应回赠，回赠的礼仪和递送名片的礼仪相同。如没有或没带名片，应恭敬地说"我没带名片，下次带给您"或说"很抱歉，我的名片刚刚用完"，而不能说"我没名片"或"我没有职务"等贬低自己或有损企业形象的话。

### 3. 国际递接名片礼仪

在国内，交换名片一般是双手递、双手接。但不同国家递接名片的方式是有差别的。最好的方法就是多观察，先观察对方如何递接名片，然后再模仿。西方人一般习惯用一只手（右手）递接名片；日本人喜欢

用一只手接过名片的同时,再用另外一只手递上自己的名片。无论属于哪种情况,都应将名片正面朝向对方。

4. 索要名片的礼仪

(1) 向陌生人或初次见面的人索要名片。

当你想要索取对方名片时,可以先递上自己的名片。正常情况下,对方都会回以名片。如果担心对方不回,也可在递名片时,加上"能否有幸与您交换一下名片?"之类的话语。

(2) 向长者或地位高的人索要名片。

向这类人索要名片时,语气应谦逊、含蓄。可以说"认识您很高兴,以后怎么和您保持联系?""以后能不能向您请教?"等含蓄的话语,这是一种委婉的说法,言下之意是向对方索要名片。

5. 名片使用的注意事项

(1) 名片不要任意涂改。

名片就是一个人的脸面,不能在上面胡乱涂改。尤其是和外商打交道时,宁肯不给名片,也不要给他一张涂改过的名片,否则会破坏自己的形象。有些人更换电话号码后,为了省事或"节省",喜欢在旧的名片上划旧填新,其实这样会破坏自己在对方心里的形象,让对方觉得你非常不专业。

(2) 商务交往不提供私宅电话。

商务交往中,提供的名片一般是办公室电话,不提供私宅电话。

(3) 不印两个以上的头衔。

如果头衔比较多,可以印一两个最重要的。如果印得多的话,会给人一种炫耀、不真实之感,从而影响自己在对方心目中的形象。

## 主题五
## 沟通联络我有招

职场礼仪

# 模块六　沟通联络礼仪

人与人的交往无时无刻不以沟通为桥梁，文明的社会需要文明的语言进行交流，衡量文明语言的标尺就是沟通礼仪。职场沟通礼仪是在职场进行沟通礼仪的指导，以便人们在各自的岗位上尽其责之外，更好地进行团队合作。

**教学目标**

掌握电话、邮件、微信礼仪的规范及要求。

**知识目标**

1. 掌握拨打、接听电话的注意事项。
2. 掌握接发邮件的使用技巧。
3. 掌握微信使用的技巧。

**技能目标**

1. 能够礼貌地拨打和接听电话。
2. 能够规范地接收和发送邮件。
3. 能够在仿真的工作环境中，正确使用微信。

## 任务一　电话礼仪

**案例导入**

小张是B公司人力资源部经理秘书，在电话通知面试人员时，语速极快，没等对方问问题，就挂了电话，而且没有使用礼貌用语，这让人力资源部经理非常不满意。

思考：商务人员需要掌握哪些电话礼仪？

随着科学技术的发展和生活水平的提高，电话已成为商务活动中最重要、使用最频繁的沟通渠道。电话礼仪是人们在商务交往中运用电话沟通时应当遵守的礼貌礼节规范。正确使用电话礼仪不但可以及时准确地向外界传递信息，还能与交往对象沟通感情，保持联络。

## 一、接听电话礼仪

（1）及时接听。

接电话时，首先应做到及时，一般要求在铃响三声内接听，最好不要让铃声响过三遍。如果因特殊原因在电话铃声响起三声后才接起电话，应首先说："对不起，让您久等了！"如果电话在第一声响就接听，也会略显仓促，精神上准备不足，影响话音质量。因此，在接听电话时，最好在第二声后接听。

（2）自报家门。

接听电话时，首先要问好和自报家门。如"您好，这里是A公司，我是××部门的××，请问有什么可以帮助您吗？"严禁以"喂"字开头。如果对方首先问好，应该立即热情和亲切地问候对方。

（3）确认对方，听取对方来电用意，并做好记录。

确认对方时，可使用"××先生，您好"；在倾听时，可以使用"是""好的""清楚""明白""我一定会转达"等词语。在记录后，最好向对方复述一遍，以免遗漏或错记。电话记录应包括对方的姓名、单位、联系方式、致电时间、是否需要回电等内容，之后应向相关人员及时传达电话内容，不可延误。

（4）礼貌结束。

要结束电话交谈时，一般应当由打电话的一方提出，然后彼此客气地道别，说一声"再见"再挂电话，不可以自己讲完就挂断电话。通话结束后，应等对方挂断后再轻轻放下电话，以示尊重。

职场礼仪

## 二、拨打电话礼仪

（1）准备工作周全。

打电话应该是有目的的。在拨打电话前，应该先整理好思路，确定对方的姓名、电话号码，准备好要讲的内容、说话的顺序、所需要的资料和文件等。同时，准备好备忘纸和笔，以便做好电话记录。

（2）选好拨打时间，控制通话时间。

打电话给他人，首先要选择恰当的时间。通常情况下，商务电话应该避开临近下班或者用餐的时间。如果知道对方上下班时间，应避免对方刚上班半小时或者下班前半小时通话，除非发生特殊情况。打公务电话时，应控制通话时间，尽量长话短说。忌节假日、用餐时间、休息时间给对方打工作电话。

（3）礼节运用得体。

接通电话后，应主动问好，自报公司名及姓名。找人时，可以使用"请问××先生在吗？""麻烦您，我找××先生"等话语。与所找的人接通电话后，应重新问候。电话掉线时，拨打者要主动再打过去说明情况。打错电话时，要向对方道歉，不可一言不发，挂断了事。通话中，态度要热忱，吐字要清晰，语气要亲切。通话结束时，要说"再见""打扰您了"等礼貌用语。

## 三、手机使用礼仪

手机作为一种移动通信工具，有一些特殊的礼仪规范。

（1）在开会时，手机应该调为静音或振动模式。在重要或者特殊场合时，手机需要关机。

（2）及时接听和回电。手机应该放在容易拿到的地方，以便及时接听。如果不能及时接听，也应及时回电并说明原因，并致歉。

（3）选择合适的手机铃声，并控制音量。过于个性的手机铃声并不适合商务人士，铃声的选择同样可以看出一个人的职业修养。手机铃声不宜音量过大，否则对身边的人是一种干扰。

(4) 在公共场合尽量少打商务电话，因为环境嘈杂，会影响到沟通的效果。如果是他人打进来，也可告知对方环境不便或者之后打回去。如果在公共场合接打电话，还要注意压低音量，尤其是在图书馆、音乐厅等场合，不要影响到其他人。

## 任务二　邮件礼仪

### 案例导入

小李是某高校的大学老师，每年学生的毕业论文都是通过邮件发送的，每次看到学生五花八门的邮件格式，小李老师都是哭笑不得。

思考：商务人员需要掌握哪些邮件礼仪？

### 相关知识

见字如面。在商务活动中，你可能第一次与合作方或其他公司的员工交流就是使用电子邮件，他们对你印象的唯一来源就是邮件。因此，使用电子邮件，要注意礼仪规范。

### 一、发送邮件的礼仪

#### 1. 关于主题

主题要提纲挈领，添加主题是电子邮件和信笺的主要不同之处，在主题栏里用几个字概括出整个邮件的内容，便于收件人权衡邮件的轻重缓急，分别处理。

(1) 一定不要空白标题，这是最失礼的。

(2) 标题要简短，明确；不宜冗长。

(3) 标题要能真实反映邮件的内容和重要性。

(4) 一封邮件尽可能只针对一个主题，不在一封邮件内谈及多件事情，以便于日后整理。

(5) 可用大写字母或特殊字符来突出标题，引起收件人注意，但应

职场礼仪

适度，特别是不要随便用"紧急"之类的字眼。

（6）回复对方邮件时，应当根据回复内容更改标题，不要"RE"一大串。

（7）主题千万不可出现错别字和不通顺之处。

（8）对于外部邮件，最好写上来自××公司的邮件，以便对方一目了然又便于留存。

（9）不发无意义的邮件。

2. 关于称呼与问候

（1）恰当地称呼收件者，拿捏尺度，忌不称呼，忌乱称呼，称呼应第一行顶格写。

邮件的开头要称呼收件人。这既显得礼貌，也明确提醒收件人，此邮件是面向他的，要求其给出必要的回应；在多个收件人的情况下可以称呼"大家、All"。

如果对方有职务，应按职务尊称对方，如"××经理"；如果不清楚职务，则应按通常的"××先生""××小姐"称呼，但要把性别先搞清楚。

不熟悉的人不宜直接称呼英文名，对级别高于自己的人也不宜称呼英文名。称呼全名也是不礼貌的，不要随便用"Dear xxx"，显得很熟络。

不少人写邮件一上来就直接说事情，给人的感觉是"你应该知道我是谁"；有的至多用个"你好"，这些都是不礼貌的做法。

（2）邮件开头、结尾最好要有问候语。

开头问候语是称呼换行空两格写，最简单的开头写"Hi"，中文的写"你好"或者"您好"。

结尾常见的写"Best Regards"，中文的则写"祝您顺利"之类的，若是尊长应使用"此致敬礼"。注意，在非常正式的场合应完全使用信件标准格式，"祝"和"此致"为紧接上一行结尾或换行开头空两格，而"顺利"和"敬礼"为再换行顶格写。

"礼多人不怪"，礼貌一些，总是好的，但还是应注意尺度，不然会适得其反。

### 3. 邮件正文

（1）正文要简明扼要，行文通顺、重点突出、段落清晰。

若对方不认识你，应当首先说明自己的身份；如果具体内容确实很多，正文应只作简单介绍，然后单独写个文件作为附件进行详细描述；多采用主动语气，让收件人知道是谁来做这件事情。

（2）选择恰当规范的语言进行表述，应符合书面语言表达，不要使用口语，避免情绪化用语，慎用含有敌意的词句或者批评的语气。

根据收件人与自己的熟络程度、等级关系，邮件是对内还是对外性质，选择恰当的语气进行论述，以免引起对方不适。邮件发出前站在对方的角度感受一下。尊重对方，"请、谢谢"之类的语句要经常出现。电子邮件可轻易地转给他人，因此对别人意见的评论必须谨慎而客观。

（3）正文多用1234之类的列表，以清晰明确。

（4）一次邮件交代完整信息。最好在一次邮件中把相关信息全部说清楚、说准确。不要过两分钟发一封"补充"或者"更正"之类的邮件，这会让人很反感。

（5）尽可能避免拼写错误和错别字。这是对别人的尊重，也是态度认真严谨的体现。在邮件发送之前，务必仔细阅读一遍，检查行文是否通顺，拼写是否有错误。

（6）合理提示重要信息，可使用大写、粗斜体、颜色字体等，但过多使用提示会让人抓不住重点，影响阅读。

（7）合理利用图片、表格等形式来辅助阐述，引用资料时要注明出处。

（8）慎用表情符号。

（9）文字不能太过拥挤，应保持一定的字距和行距。

（10）转发或回复邮件时，应保持原邮件格式和内容，不要刻意压缩或隐淡字体。

（11）邮件的总体结构应符合"第一段与最后一段是重点"，要主动说出你期待对方做的事。

电子邮件的撰写，应该掌握由上而下的重点，也就是说，重点在最前面的第一段。如果信件很长，最好在结尾的部分，再度强调重点。当

你想要收件者采取行动时,如果电子邮件的内容长,在信件的一开始,就说明你的要求。如果内容很短,不超过一个屏幕可以读完,就直接在信件内容的结尾提出要求。

### 4. 附件

(1) 如果邮件带有附件,应在正文里提示收件人查看附件。

(2) 附件应按有意义的名字命名,最好能够概括附件的内容,方便收件人下载后管理。

(3) 正文应对附件内容做简要说明,特别是带有多个附件时。

(4) 附件数目不宜超过4个,数目较多时应打包成一个文件。

(5) 如果附件是特殊格式文件,应在正文中说明打开方式,以免影响使用。

(6) 如果附件过大,应分割成几个小文件分别发送。

### 5. 结尾、签名、日期

每封邮件在结尾都应签名,这样对方可以清楚地知道发件人信息。

(1) 签名信息不宜过多。

(2) 不要只用一个签名档,对内、对私、对熟悉的客户等群体的邮件往来,签名档应该进行简化。

(3) 签名档文字应选择与正文文字匹配,简体、繁体或英文,以免出现乱码。字号一般应比正文字体小一些。

(4) 邮件的日期要明确,最好明确到年月日时,以免双方认知不同而产生误会。

### 6. 收件人、抄送人

收件人是要受理这封邮件所涉及的主要问题的人,理应对邮件予以回复。抄送人则只是需要知道这回事,被抄送的人没有义务对邮件予以响应,当然如果被抄送的人有建议或意见,可以回邮件。

请示性的邮件一般只有一个收件人,不可随意抄送不相关的人。收件人(包括抄送人)若为一个以上,不论在邮件地址位置、正文位置还是附件内,均需要排序。最合理的方式是按照职务高低排序,同样职位按姓氏拼音顺序排,不了解职位时可以按照拼音顺序排,但重要邮件不建议这样做，尤其是重要客户。有内外之别时，以客为先。

抄送邮件的作用为如下几个。

（1）让自己的领导和对方的领导知道在做什么。

（2）让与该项工作相关的人知道事情的进展，保持信息对称。

（3）当遇到困难的时候可以请求抄送领导的援助。

## 二、邮件回复、转发的礼仪

### 1. 及时回复邮件

及时回复邮件是对他人的尊重，理想的回复时间是 2 小时内，特别是对一些紧急重要的邮件，对于一些优先级低的邮件可集中在一个特定时间段处理，但一般不要超过 24 小时。如果无法及时确切回复，应告知原因并约定回复时间。记住：及时作出响应，哪怕只是确认收到邮件。

如果你正在出差或休假，应该提前告知或设定自动回复功能，提示发件人，以免影响工作。

### 2. 回复原则：有针对性、清楚、简洁、礼貌

（1）回复应让对方理解，避免反复交流，浪费时间与精力。

（2）回复不得少于 10 个字，以显示出你的尊重。

（3）不要就同一问题多次回复讨论，回复超过 3 次应采用电话沟通等其他方式进行交流后再加以判断。

（4）邮件回复时尽可能保留原邮件主题。

### 3. 区分单独回复和回复全体

（1）只需要一个人知道的事，就回复给一个人。

（2）你对发件人提出的要求给予的响应，应回复全体；

（3）你对发件人提出的问题不清楚，或有不同的意见，应该与发件人单独沟通。

（4）好的事情可以抄送给他人，不好的事情尽量一对一处理。

（5）点击"回复全体"前，要三思而行。

### 4. 主动控制邮件的来往

为避免无用的回复，浪费时间，可在文中指定部分收件人给出回复，或

在文末添上以下语句:"全部办妥""无须行动""仅供参考,无须回复"。

### 5. 保存好发邮件的证据

有时候邮件可能因网络问题不能按时送达,也可能不小心被收件者删除,怎么办?在发邮件时给自己抄送一份,或者保留在发件箱里。同样,其他人发给你的工作邮件也要保留三个月以上再考虑删除,以备发生问题时作为证据。

### 6. 转发邮件要突出信息

转发之前,首先确保所有收件人需要此消息。除此之外,转发敏感或者机密信息要小心谨慎,不要把内部消息转发给外部人员或者未经授权的接收人。如果有需要,还应对转发邮件的内容进行修改和整理,以突出信息。不要将回复了几十次的邮件发给他人,让人摸不着头脑。

转发邮件要注意自己承担的角色,不要教导上司,更不要和上司抢功。

事例一:上司看了一篇很好的关于管理的文章,并把文章发送给下属,也抄送给了副总经理和总经理,结果副总经理脸色变了。副总经理误认为在质疑他的领导和管理能力,否定他的管理权威和形象。

事例二:公司新开发的系统顺利上线,小王把此消息发给了各部门主管,也抄送给副总、总经理和董事长,结果副总经理不高兴。小王的上司告诉他,我们只对自己的直接上级负责,不要越级报告,除非领导亲自指派。报告给总经理、董事长由副总经理去做更合适,因为副总经理也需要得到老板的肯定。

### 7. 不要假公济私

不要撰写或传送与职场毫无关系的内容,因为在某些你不知情的状况下,邮件可能会被保存到企业的公用硬盘或备份档案中。

## 任务三　微信礼仪

小李是某公司的业务员,一天,公司经理正在开销售会议,小李的

手机微信语音一直响个不停，本来以为是客户，但是一看手机是自己的朋友小王，本想当作没看见，但是小李的微信一直在响，以为朋友有急事的小李就出去听一下语音，原来小王只是想让小李帮忙给女儿幼儿园活动的微信投票，小李无语至极。

思考：商务人员需要掌握哪些微信礼仪？

## 相关知识

在现实社会中，我们都知道要遵守必要的行为规范，要尽量做个品德优良的人。微信也要讲"微德"，让别人愉快，也给自己营造良好的社交关系。

### 一、发送微信礼仪

#### 1. 原则上不发语音

无论是给领导、给下属还是给同事，都优先选择文字。因为在工作中很多场合不适合发出声音，比如在办公室开会，大家都选择手机振动或者静音模式，发语音无法及时接听。所处的环境不方便收听也就无法及时回复。

此外，语音不能截图，不能转发，要从所发信息当中找一段内容，还得从头听，非常麻烦。甚至很多人感叹"爱发微信语音是自私的表现"。

#### 2. 工作微信需要排版

很多人发微信根本不过大脑，想到一句发一句，最后只是零零散散的信息。发微信本质上和写东西没区别，只是换了个工具而已。所以所发文字要有条理、有思路，要编辑好，不要一行几个字，也不要几百字一大行，该分段的分段，该句号的句号，该逗号的逗号。通常一件事情放在一条信息里，多件事情就发多条信息。

#### 3. 工作微信要明了

比如，发通知，加上"收到请回复"；发请示，最后可以说"请领导批示"；发的只是一个提醒，可以告诉对方 FYI（For Your Information），也就是让他了解一下，并不需要回复。

## 二、接收微信礼仪

### 1. 及时回复

我们发微信时,都希望别人能够快速回复,将心比心。假如下属向你请示,同意就同意,不同意就不同意,如果还需要时间考虑,那也应及时回复他"我考虑一下"。这样别人心里也就有数了。

很多领导喜欢摆谱,自己发的微信恨不得下属三秒之内回复,别人发的微信则觉得可回复可不回复,这样让别人去猜是很不厚道的。即使你不能给出准确的答案,也可以告诉别人"我要再想想"或者"有时间再看"。

### 2. 最重要的人要置顶

通过置顶可以把你最重要的群和人永远放在最上面,这样就不容易遗漏重要的信息。如果是接收到语音类的工作微信,即使不方便接听,也可以回别人"现在不方便接听语音,如有急事,可以发送文字",或者选用微信的语音转文字功能。

## 三、微信朋友圈礼仪

### 1. 朋友圈是用来分享的,不是用来刷屏的

发广告可以理解,但是广告刷屏就很过分了,因为那种一连串的广告会让人产生厌恶感。所以,在要发广告的时候,也请以真正的分享心态去发布,绝不要草草了事。是不是用心的文案,一眼能看出来,你若用心,必有所成。

### 2. 点赞、评论请用心

我们都喜欢跟自己的好友互动,朋友圈里点赞、评论、留言很正常,但有些人真的是什么内容都没看清楚,上来就一通点赞,别人也许发布的是伤心难过的消息,你随意的点赞会伤害别人。所以在给别人点赞、评论之前也请用心,先看清楚人家发的内容再去点赞,不然可能被拉黑。

### 3. 点赞不要太过量

有些人可能平时不怎么看朋友圈,但是一看就停不下来了,给别人一通点赞,一下点好几十个赞,甚至还把人家几年前发的朋友圈点赞了,

不是熟人真别这么干，不然会以为你调查人家呢。

4. 评论回复要注意

你给别人回复评论的时候要用"回复XX"的回复框，不要单独评论，不然会给其他点赞者都推送评论消息，就会打扰别人。

# 主题六
# 待人接物暖人心

# 模块七 商务宴会礼仪

宴请是商务交往的重要活动之一，在私人交往与公务交往中都很常见。安排得当的宴请活动是商务交往各方关系的润滑剂，不仅能为商务活动的各方交往增添色彩，也有益于商业活动的促成。

中西方在文化上存在一定差异已成为共识，了解中西方宴请的礼仪能有效提高商业人士的社交礼仪能力。

### 教学目标

掌握宴请活动程序、桌次与席位排序礼仪。

### 知识目标

1. 掌握宴请活动程序、桌次与席位排序礼仪。
2. 掌握中餐宴请餐具分类使用、点菜要领及上菜顺序等餐桌礼仪。
3. 掌握西餐宴请餐具类别使用、点菜要领、上菜顺序及餐酒搭配等。

### 技能目标

1. 掌握中餐、西餐宴请的主客位次排序。
2. 掌握中餐、西餐餐具的使用。
3. 掌握中餐、西餐点菜要领及上菜顺序。
4. 具备举办不同形式宴会的组织接待能力。

## 任务一 宴会邀请与准备

### 案例导入

小王和妈妈去参加一个亲戚的婚宴。亲戚只是在前一天用电话通知了一下，说是中午在某某酒店。当天，因为不知道具体时间，又对某某酒店所处的位置不熟悉，所以她和妈妈起了个大早，以防迟到，到达某某酒店后，虽然门口有人迎接，但进入酒店后，竟没人带领以至于她和妈妈找了半天。进入房间，发现已到了不少人，闹哄哄的，有的跷着二郎腿嗑瓜子，有的斜靠在椅子上，还有几个小孩在玩餐具，甚至还有人不耐烦地抱怨起来，几位男士在"吞云吐雾"，周围不少人皱起了眉。婚宴正式开始，一对新人还在致辞，不少人吃了起来，还和周围的人交谈。还有几道菜品没上时，就有一些人离开了。小王觉得这次真是糟糕的一次赴宴经历。

思考：为什么小王会觉得此次赴宴是一次糟糕的经历？谈谈你的看法？

## 一、宴请的种类与形式

### 1. 宴会

国宴是规格最高的宴会，盛大隆重，礼仪严格。

正式宴会在规格和标准上都低于国宴，通常是政府和有关部门为欢迎应邀来访的宾客，或来访的宾客为答谢主人而举行的宴会。

便宴指非正式宴会，常见的是午宴、晚宴，也有个别情况下的早宴。

家宴是指在家中以私人名义举行的宴请仪式，气氛轻松，不讲究严格的礼仪。

### 2. 冷餐会

冷餐会又称自助餐，是一种由客人自行挑选、自取自食的就餐形式。这种形式的特点是：方便灵活，不排列席位，不设固定的座位。常用于场面较大、宴请人数众多的正式活动。

### 3. 酒会

酒会是以酒水为主招待客人的一种宴请形式。酒会提供的酒品除一些中外名酒、地方名酒、特色酒外，还有许多用酒和软饮料调制而成的鸡尾酒，所以酒会有时也称鸡尾酒会。

职场礼仪

4. 茶会

茶会是以茶会友的一种简便的招待形式。茶会通常在较为宽敞的厅堂、会客室里举行。内设沙发、座椅、茶几，以供与会者就座品茶。

5. 工作餐

工作餐是现代交往中常用的一种非正式宴请形式，主要是利用进餐的时间，围绕工作中的问题，边吃边谈，讨论交流。通常在中午举行，一般不请家人和与工作无关的人加入。

## 二、宴会准备礼仪

### 1. 确定宴请目的

在宴请他人之前，首先应确定宴请目的。宴请的目的可以是表示欢迎、欢送、答谢某个人或单位，也可以是表示庆祝、纪念某个节日或活动。

### 2. 确定宴请的对象

根据宴请目的，事先确定宴请哪些人、宴请多少人，以及被宴请人的姓名、职务、称呼、习惯、爱好等，并列出详细的宴请清单，以便确定宴请的规格、形式及主陪人等。

### 3. 确定宴请的形式

根据宴请目的和对象，确定宴请的举办形式。

### 4. 确定宴请的时间

根据主客双方的具体情况确定宴请的时间。宴请的时间应避开重大节假日和双方的禁忌日，便于主客双方出席。

### 5. 确定宴请的地点

根据宴请规格和形式事先确定宴请的地点。一般而言，宴请的地点应交通便利、环境幽雅、服务周到，宴请的场所应能容纳出席宴会的全体人员。

### 6. 确定菜谱

根据宴请的形式，以及被宴请宾客的年龄、性别、风俗习惯、健康状况、喜好和禁忌等，确定宴请的菜谱。菜谱中的菜肴应赏心悦目、富有特色并搭配合理。

#### 7. 邀请宾客

一切具体工作准备就绪之后，便可向宾客发出邀请。邀请的方式分为口头邀请（如口头告知或电话邀请）和书面邀请。

#### 8. 安排席位

正式宴请一般均排桌次和位次，由于中餐与西餐对席位的排列有不同的要求，因此，席位的排列应遵循相应的礼仪规范。

### 三、宴会进行时礼仪

（1）迎接宾客。

在宴请现场，主人应站在大厅门口迎接客人。

（2）引领入席。

主人与客人握手后，一般由接待人员引导客人入席。

（3）准时开宴。

按约定的时间准时开宴，千万不能让客人长时间等待。

（4）致辞发言。

当主人在宴会现场准备致辞时，全体人员应保持安静，认真聆听。

（5）席间用餐。

在用餐过程中应注意融洽气氛，掌握进餐的速度。

（6）席毕送客。

当宴会结束后，主人一定要热情相送，并感谢客人的光临。

### 四、赴宴礼仪

（1）及时回复。

接到宴会的邀请后，应尽快明确自己是否出席，以便主人掌握出席人数。接受邀请后，不要随意变动。确有意外不能前往，要提前解释，并深致歉意。

（2）注重仪表。

男士要修整须发，女士要美容化妆。无论男女，都要换好既符合自己在宴请场合的身份又突出自身气质的衣服。另外，对皮鞋和袜子的搭配协调也要给予足够的重视。

（3）准时赴宴。

赴宴者应按宴请的时间、地点及其他要求准时出席。既不要迟到，又不要过早抵达。

（4）按位落座。

在宴会厅，要按服务员的指引和主人的安排就座，注意自己的姿态，既不过于拘谨，也不散漫随便。同桌如有长者和女士，应主动帮扶他们。

（5）文雅进餐。

取菜时，遇到自己爱吃的，不要盛得过多；不喜欢的，也不要一点不吃。吃东西要文雅，要闭嘴咀嚼，不要出声；咀嚼时不要张嘴说话。喝汤时要避免发出"呼噜"的声音。

在互相碰杯时，酒杯杯沿比对方略低以示尊敬，并目视对方致贺词。在宴会上最好不要边喝酒边吸烟。不要用手指或筷子剔牙，剔牙时要用餐巾或手将嘴部遮住。

（6）宴后致谢。

宴会未结束而自己已吃好，一般不可中途离席。等主人示意宴会结束，起身离席后，客人才可依次离席。离开前应向主人道谢，并向其他客人告别，再握手告辞。如果客人有事要提前离席，则应向主人及同席的客人致歉。

## 任务二　中餐宴请礼仪

案例导入

云南昆明的 A 公司与广州的 B 公司要进行一个项目合作，广州 B 公司的员工要来云南昆明进行实地考察。小张是 A 公司负责接待 B 公司考察团队的工作人员，小张想让广州 B 公司的考察团队尝一尝云南的特产。他心想云南傣味是比较有特色的菜系，所以安排了一家云南有名的傣味菜馆接待广州B公司的考察团队。他很热情地将B公司考察团队迎进傣味菜馆，客人在就餐期间似乎不太满意，后来的商谈合作也没有开展下去。事后，A公司领导对小张勃然大怒，小张满脸委屈，不知自己错在哪里。

思考：这件事对小张有什么深刻的教训？如何正确选择宴请形式？

## 一、桌次礼仪

### 1. 两桌的小型宴会

当宴请现场只有两张餐桌时，两张桌既可以横排，也可以竖排。两桌横排时，桌次以右为尊，以左为卑（以从室内面向宴会厅正门的视角为基准），如图7-1所示。

两桌竖排时，桌次以距离正门远的位置为上，以距离正门近的位置为下，如图7-2所示。

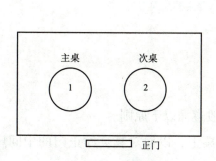

图7-1 横桌的桌次排列

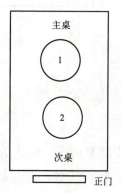

图7-2 竖桌的桌次排列

### 2. 三桌或三桌以上的宴会

三桌或三桌以上的宴会也叫多桌宴会，其排列方法除了要注意遵守两桌排列的规则外，还应考虑与主桌的距离，即距离主桌越近，桌次越高；距离主桌越远，桌次越低，如图7-3至图7-5所示。

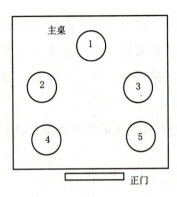
图7-3　五张餐桌的桌次排列

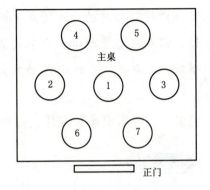
图7-4　七张餐桌的桌次排列

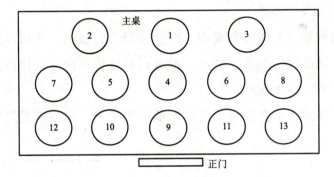
图7-5　十三张餐桌的桌次排列

## 二、座次礼仪

**1. 座次排列的原则**

在中式宴请中,座次的排列一般遵循以下原则。

(1) 面门为尊：即在每一张餐桌上,以面对宴会厅正门的中间座位为尊位。

(2) 近尊远卑：即在每张餐桌上,距离该桌主人较近的座位尊于较远的座位。

**2. 每桌一个主位的排列方法**

当每张餐桌上只有一个主位时,如图7-6所示,座次排列规则如下。

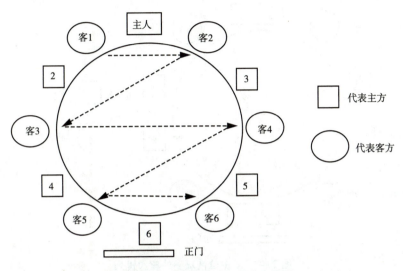

图 7-6 单主位情况下的座次排列

（1）主人的位置确定在面门居中的主位上。

（2）第一主宾在主人右侧就座，第二主宾在主人左侧就座。然后按先右后左的顺序依次排列其他座位。

（3）按照右座尊于左座的原则，在宾位之间依次排列主方其他陪同人员的位置，并做到主客相间。

### 3. 每桌两个主位的排列方法

如果双方夫妇共同出席，则以男主人为第一主人，女主人为第二主人。如图 7-7 所示，双主位情况下的座次排列规则如下。

（1）将第一主人（或男主人）的位置确定在面门居中的主位上，第二主人（或女主人）的位置确定在第一主人的正对面。

（2）将第一主人（或男主人）右侧和左侧的第一个位置分别确定为第一主宾位和第三主宾位，第二主人右侧和左侧的第一个位置分别确定为第二主宾位和第四主宾位。

（3）按照右座尊于左座的原则，在宾位之间依对角线顺序安排主方其他陪同人员的位置，并做到主客相间。

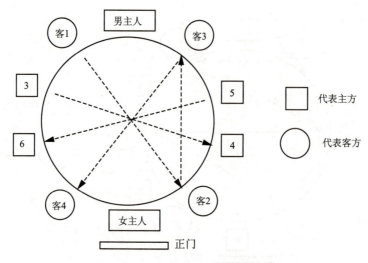

图7-7 双主位情况下的座次排列

### 三、中餐上菜礼仪

**1. 上菜的顺序**

在中式宴请中,上菜应讲究一定的顺序。其一般顺序如下。

(1) 冷盘。

冷盘即凉菜,通常是四种或四种以上菜品组成的大拼盘。

(2) 热炒。

热炒即现炒的菜肴,通常有四盘,但通常会被省略。

(3) 主菜。

主菜又称大菜或大件,通常有四、六或八等偶数道,一般不超过十二道。这些菜肴(如全乳猪、烤羊腿等)是采用不同的食材,配以各种调味品,用各种烹调法制作而成的,是最能表现宴席特色的菜品。

(4) 汤。

汤分为甜汤和咸汤,通常与点心相搭配,即若上咸点心,则上咸汤;若上甜点心,则上甜汤。

(5) 点心。

宴会上一般不供应米饭,而是以糕、饼、包子、饺子等点心代替。

（6）果盘。

果盘即各种水果的拼盘，是正餐后的一道清口菜，意在爽口、去油腻。

2. 上菜时的注意事项

（1）向多张餐桌上菜时，应保证向各桌同时上菜，且第一道菜宜在开席前5分钟端上。

（2）每上一道菜，都应将其移至第一主人和第一主宾的面前。

（3）上菜和撤盘应分别从就餐者的左侧和右侧进行，但应避免在第一主人或第一主宾的身边操作。

（4）上菜节奏应根据宾客的要求和进餐速度灵活把握，以防菜品堆积或空盘、空台的现象。

四、中餐餐具的使用

中餐的餐具主要有筷子、勺子、碗、碟、杯子和辅助餐具等，餐具摆放如图7-8所示。用餐人员在使用这些餐具时应当遵循以下基本礼仪。

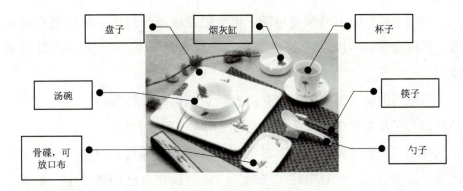

图7-8 中餐餐具摆放

1. 筷子的使用

用餐时，一定要将筷子的两端对齐，切忌出现一长一短的情况。

夹菜时，筷子上不能残留食物，更不能舔食残留食物或把筷子含在嘴里；不能举着筷子犹豫不决地在菜盘上巡探，也不能用筷子在菜盘里翻找或一次性夹过多的菜；夹菜途中，不能让菜汁一路滴落；若遇到其他客人夹菜，则应注意避让。

席间暂时停餐，可以把筷子并拢，纵向搁在碟子或者碗上。如果将筷子横向搁在碟子或碗上，则表示酒足饭饱不再进餐，如图7-9所示。

（a）纵搁筷子

（b）横搁筷子

图7-9 筷子的使用

（a）纵搁筷子；（b）横搁筷子

### 2. 勺子的使用

勺子的主要作用是舀取菜肴或汤汁，在使用勺子时应遵循以下礼仪规范。

用勺子取食时不可取得过满，以免菜肴或汤汁溢出来弄脏餐桌或衣服；舀取食物后，应在原处停留片刻，待菜汁不再往下流时再取回来享用。

若取用的食物过烫，则应先将食物放到碗里，待其稍凉后再吃，而不能用勺子在食物中舀来荡去，也不能用嘴来回吹食物。

食用勺子里的食物时，不要将勺子和食物全部塞入口中，或者反复吮吸、舔食勺子。暂时不用勺子时，应将其放在自己的碟子上，而不可放在餐桌上或插在食物中。

### 3. 碗、碟的使用

碗主要用于盛放食物，碟主要用于暂放从菜盘里取回的菜肴，二者的功能大致相同。在使用碗、碟时应注意以下礼仪规范。

不要用双手端起碗来进食；进食时，应以筷子、勺子从碗内取食，不能直接用手取用，更不能直接用嘴吸食或把食物往嘴里倒；不能舔食碗内的剩余食物。

不要一次性取过多的食物堆放在碟子里，否则，不同的食物容易串味，且极不美观。

不要将残渣、骨、刺吐在地上或桌上，而应用筷子将其夹取并轻放到碟子前端，但不要让其与碟内尚未食用的菜肴混在一起；如果碟子满了，可示意服务员更换一个。

### 4. 杯子的使用

杯子有酒杯和水杯之分，酒杯用于盛酒，水杯用于盛放清水、果汁、可乐等饮料，二者应分开使用。

### 5. 湿巾的使用

用餐前，每位用餐者面前的盘子里通常会备一块湿巾。该湿巾只用来擦手，擦完后应放回盘子，由服务员拿走。

### 6. 牙签的使用

使用牙签时应当注意以下事项。

（1）用餐时，尽量不要当众剔牙。

（2）非剔不可时，应用一只手掩住口部进行。

（3）剔出的东西不要当众观赏或再次入口，更不要随手乱弹。

（4）不要长时间叼着牙签，更不要用剔过牙的牙签扎取食物。

## 五、中餐就餐礼仪

（1）进餐时，应等主人邀请、主宾动筷时再拿筷。

（2）用餐过程中，应尽量取离自己较近的菜肴。取菜要适量，不要过量夹取符合自己口味的菜。

（3）进餐时，应小口进食，动作优雅，不要大口狂塞，也不要发出任何声音。

（4）进餐的过程中，应适时地和左右两侧的就餐者交谈。交谈时，应注意选择愉快的话题。

（5）进餐时，不要当众修饰仪容，如梳理头发、补妆等。

（6）宾客应等主人用餐结束后才可离席。

## 六、饮酒礼仪

### 1. 斟酒

主人为了表示对来宾的敬重、友好，会亲自为其斟酒。主人斟酒时要注意以下三点。

（1）白酒与啤酒均可斟满，而其他洋酒则无此讲究。

（2）斟酒应做到对在座的就餐者一视同仁，不可挑拣着进行。

（3）斟酒可以按照先职位高者、后职位低者，或者先年长者、后年少者进行，也可以从自己所坐之处依顺时针方向进行。

### 2. 敬酒

敬酒也就是祝酒，是指在正式宴会上，由男主人向来宾提议，提出某个事由而饮酒。在饮酒时，通常要讲一些祝福类的话，甚至主人和主宾还要发表专门的祝酒词。

一般来说，敬酒者应该把自己的酒喝干，这样才能表达自己的诚意。如果对方的酒量不错，可以提议干杯，若对方酒量尚浅，则不必勉强对方喝干，可以说"我干了，你随意"，更不能勉强长者。

### 3. 拒酒

在宴请过程中，不会喝酒或不打算喝酒的人，可以婉言谢绝他人的劝酒。例如，说明自己不能饮酒的客观原因，或主动以其他饮料代酒。

## 任务三　西餐宴请礼仪

### 案例导入

小李的公司与英国一家公司签订了某项合作协议。小李代表公司邀请英国公司的团队到一个环境优雅的西餐厅用餐。食物非常美味，也十分合英国团队心意，在用餐过程中，双方聊得非常投缘。聊到兴奋处，小李拿着刀叉眉飞色舞地给英国团队讲述自己的见闻，但他突然发现同桌的英国团队和旁桌用餐的其他客人都用奇怪的眼神看着他，小李这才意识到自己的举止十分不雅，连忙将刀口向内、叉齿向上地将刀叉放在餐盘中，尴尬地坐着。没过多久，服务员就将他的餐具收走了，他一脸茫然地看向服务员。

思考：小李在西式宴请中犯了哪些错误？西式宴请中有哪些用餐礼仪？

一、座次礼仪

1. 座次排列的原则

（1）女士优先。

在西餐礼仪里，女士处处受尊重，尤其是在安排家宴时，一般女主人为第一主人，在主位就座；而男主人为第二主人，在第二主人的位置上就座。

（2）以右为尊。

就某一具体位置而言，右侧要高于左侧之位。

（3）面门为上。

在餐厅内，以餐厅门作为参照物时，面对餐厅正门的位子要高于背对餐厅正门的位子。

（4）近高远低。

西餐桌上席位的尊卑，是根据其距离主位的远近决定的。

（5）交叉排列。西餐排列席位时，男女应当交叉排列，熟人和生人也应当交叉排列。

2. 座次排列的方法

长桌的座次有两种排位方法。一种是男女主人在长桌的中央相对而坐，如图7-10所示。第二种是男女主人分别坐在长桌的两端，如图7-11所示。方桌的排列方法是：就座于餐桌四面的人数应相等，一般情况下，一桌共坐8人，两侧各坐两人的情况比较多见。男、女主人与男、女主宾对面而坐，如图7-12所示。

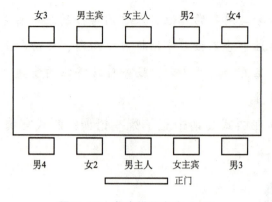

图 7-10 长桌排位方法（一）

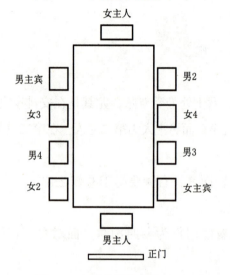

图 7-11 长桌排位方法（二）

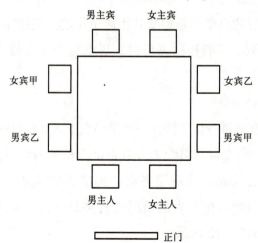

图 7-12 方桌的座次排列

## 二、上菜礼仪

西餐的上菜礼仪主要是指上菜的顺序。一般情况下，西式宴请中的上菜顺序如下。

（1）头盘。

头盘也称开胃菜，有冷头盘和热头盘之分。

（2）汤。

即西餐的第二道菜，常见的有海鲜汤、蘑菇汤、牛尾清汤等。

（3）副菜。

即水产类、蛋类、面包类、酥盒类菜肴的统称。

（4）主菜。

即各种肉、禽类菜肴。最有代表性的是牛排。

（5）沙拉。

即蔬菜类菜肴，可与主菜同时上桌，也可在主菜后上桌。

（6）甜品。

即在主菜之后食用的小点心，如布丁、饼干、冰淇淋、水果等。

（7）热饮。

即咖啡或茶，二者选其一。

## 三、西餐餐具的摆放和使用礼仪

### 1. 西餐餐具的摆放

垫盘放在餐位的正中间。垫盘的正中心放叠好的餐巾，其左侧纵向放叉，叉齿向上，右侧纵向放刀和汤匙，刀刃朝向垫盘，匙心向上；叉的左侧纵向放甜点盘和黄油刀，刀刃朝向垫盘；垫盘的正前方横向放甜品匙和甜点叉，匙柄朝右，叉柄朝左；垫盘的右前方斜向放3只杯子，通常，杯子从右到左依次为白葡萄酒杯、红葡萄酒杯和水杯。西餐餐具的摆放如图7-13所示。

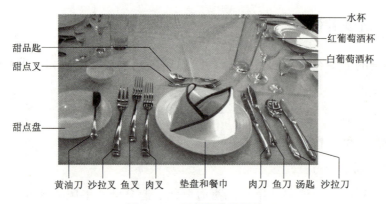

图7-13 西餐餐具的摆放

2. 西餐餐具的使用

（1）刀叉的使用。

使用刀叉时，应从外侧向内侧取用，左手拿叉，叉齿向下，右手拿刀，刀刃向下。切割食物时，拿叉按住食物，用刀切成小块，被切成小块的食物应刚好适合一次性放入口中，如图7-14所示。在切割食物时，要双肘下沉，不要左右开弓，更不要弄出声响。

图7-14 刀叉使用

在进餐中需要休息时，可使叉在左、刀在右，叉齿向下，刀刃向内，二者呈"八"字形摆在餐盘中央，以表示此菜尚未用完，如图7-15所示。就餐完毕，可将刀叉平行放在餐盘的同一侧，如图7-16所示。这时，即使盘里还有东西，服务员也会明白你已经用完餐，会在适当的时候把盘子收走。在进餐中的任何时候，都不要将刀或叉的一端放在盘上，另一端放在桌上。

图7-15 八字形摆放刀叉　　　　图7-16 刀叉并排

（2）餐匙的使用。

西餐中的餐匙主要指汤匙、甜品匙或茶匙，分别用于饮汤、取甜品、搅拌茶或咖啡，三者不可混用。不可用汤匙和甜品匙舀取其他任何主食或菜肴，也不可用茶匙舀取茶水或咖啡。

（3）餐巾的使用。

用餐前，通常应将餐巾打开，沿对角线折成三角形状或平行对折成长方形，平铺在双腿上，并将折口朝外，以便拿起来擦拭嘴巴，如图7-17所示。切勿将餐巾围在脖子上、披在裤腰上或放在其他地方。不能用餐巾擦汗、擦脸或擦鼻涕，更不能用其擦拭餐具或餐桌。

图7-17 餐巾的折叠样式

用餐期间暂时离席时，应将餐巾放在自己的座位上，以示稍后会继续用餐，如图7-18所示。切勿把餐巾揉成一团挂在椅背上或放在餐桌上。用餐结束后，则可将餐巾放在餐桌上，以示停止用餐，如图7-19所示。

图 7-18 暂时离席

图 7-19 停止用餐

（4）杯子的使用。

西餐中的三只杯子用于盛装不同的饮品，可从外侧向内侧依次使用，也可以跟随女主人的选择来使用。在使用高脚的葡萄酒杯品酒时，应手持杯柱部分饮酒，而不能用手捧住杯腹，以免手温破坏酒的口感。

女士在使用酒杯时，不能在杯口上留下口红印，否则是有失礼仪的。

## 四、西餐就餐礼仪

### 1. 餐前的交流

在进餐之前，应尽可能与周围的人相互问候、介绍和交流，以联络感情或认识新朋友，切勿沉默不语。

### 2. 入座的顺序

当主人邀请入座时，在场的人员应按顺序入座。一般情况下入座顺序为：女士、职位高者、长辈先入座，男士、职位低者、晚辈后入座。当女士入座时，男士通常应走上前去将她们的坐椅稍向后搬，待其将要坐下时，再将椅子稍向前推。

### 3. 进食的方法

（1）肉类的吃法。

西餐中的肉类一般是大块的（如羊排、牛排、猪排等），吃肉时，应使用叉将肉按住，用刀从肉的左侧开始，将其切成小块，边切边吃。

（2）鱼类的吃法。

吃全鱼时，宜先使用刀叉将鱼的头、尾、鳍切除，再吃鱼肉。吃鱼肉时，应从左到右边切边吃，切勿翻动鱼身。

(3) 汤的喝法。

喝汤时，必须用汤匙舀起来喝，其正确姿势为：左手扶住盘沿，右手持汤匙由汤盘内侧向外侧将汤舀起送到嘴边，身体略微前倾，将汤喝入。

(4) 面包的吃法。

吃三明治和烤面包时，可用左手拿面包，用右手把其撕成小块、涂上奶油后再吃。吃硬面包时，则可先用刀将其切成两半，再用手撕成小块来吃。无论是哪种面包，都不可拿着一整块咬着吃，也不可用其蘸汤吃。

(5) 酒的喝法。

在西餐中喝酒时，应先轻轻摇动酒杯，闻一闻酒的醇香，然后倾斜酒杯小口地轻轻喝，切勿吸着喝或者一饮而尽。喝酒时，应避免边喝边透过酒杯看人、边吃东西边喝酒或者拿着酒杯边说话边喝酒。

(6) 水果的吃法。

吃苹果、梨之类的水果时，应先用刀将其切成4~6片，然后去皮与核，再用叉子取食，不要拿起整只用嘴咬着吃。吃香蕉时，应先将其剥皮后放在盘中，用刀切成片，再用叉一块一块地取食，而不要整根拿着吃。

(7) 咖啡的喝法。

喝咖啡时，应先往咖啡杯里加入少许糖和牛奶。在加入糖和牛奶之后，应先用咖啡匙搅匀咖啡，然后将咖啡匙放在碟子的左边，再用食指和大拇指端起咖啡杯饮用。需要注意的是，不要让咖啡匙留在杯子里时就饮用咖啡，也不要用咖啡匙舀起咖啡饮用。喝完咖啡后，咖啡匙应放在托盘里，如图7-20所示。

图7-20 咖啡匙的摆放

#### 4. 用餐时的举止

吃西餐时,应坐姿端正,不可伸腿或跷起二郎腿,也不可将胳膊肘放到餐桌上,更不可频频晃动身体。用餐时,不能把刀叉伸进嘴里,也不能拿着刀叉挥舞或做手势。在用餐的过程中,可以与周围的人相互交谈,但不可大声喧哗,也不可抽烟。

### 五、练习题

远翔公司要接待一批来公司接洽业务的客户,公司总经理杨先生用中餐接待。假如你是杨先生,应注意哪些用餐礼仪?

## 模块八　接待拜访礼仪

中国有句老话叫"礼尚往来",来是接待,往是拜访。迎来送往,拜访会晤,是商务活动中最常见的情景。随着经济的发展和业务的拓展,企业接待和拜访活动越来越频繁,正确地运用礼仪,对企业间建立联系、洽谈业务起着重要的作用。

**教学目标**

掌握迎客、待客、送客和乘车礼仪。

**知识目标**

1. 掌握迎客、待客、送客和乘车礼仪。
2. 掌握商务拜访的准备内容、正式拜访礼仪和告辞过程中的礼仪。
3. 掌握礼品选择的技巧,以及赠送、接受、谢绝和回赠的礼仪。

**技能目标**

1. 掌握引领宾客的技能。
2. 掌握日常接待中奉茶的技能。
3. 掌握馈赠礼品的技能。
4. 能够按要求独立完成商务接待、拜访工作。

# 主题六 待人接物暖人心

## 任务一 商务接待

 案例导入

小王是A公司新进的员工，在与B公司的商务洽谈中，小王负责接待工作。在客人到达会客厅后，小王由于临时有其他的工作，就让B公司的领导在会客厅等了15分钟。当A公司的领导发现后，急忙让小王给客人倒茶。小王先给自己的领导倒了茶，然后再给B公司的领导倒茶，而且在端茶时，小王没有使用托盘，由于水太烫，又倒得很满，小王差点把茶水洒到B公司领导的身上。最终这次洽谈以失败告终，小王的领导非常不高兴，对小王的接待工作非常不满意。

思考：这件事对小王有什么深刻的教训？在接待过程中需要掌握哪些接待礼仪？

 相关知识

### 一、迎客礼仪

#### 1. 迎客规范

（1）迎接来宾前，首先要了解来宾的背景资料。充分掌握迎宾对象的基本情况，尤其是主宾的个人基本情况，如姓名、性别、年龄、单位和职务等。

（2）根据迎送规格，准备好必要的车辆和食宿接待。

（3）掌握来宾抵达的时间，提前到达迎宾地点。若迎宾时间有变化，应及时掌握。

（4）在车站、码头、机场迎接未见面的客人时，有必要准备一块接站牌。

（5）见到来宾后，应马上向其问候、致意并作自我介绍。

（6）应主动向客人表示帮他拿行李，但对于来宾手中的外套、提包或密码箱，则没有必要为之"代劳"。

(7) 如有车来接，应为客人打开车门。

(8) 商务接待住宿安排要根据客人的身份、人数和工作需要来酌情考虑。

(9) 对应邀前来的重要客人，应在门口迎接。

### 2. 乘车礼仪

(1) 在轿车中，座次的尊卑一般是右座高于左座，后座高于前座。但是在主人亲自驾车时，客人坐在副驾驶座上与主人"平起平坐"，才合乎礼仪。

(2) 在大型商务车上，座次尊卑的一般规则是：前座高于后座，右座高于左座；距离前门越近，其座次往往越高。有的商务车座位被安排在通道两侧，在这种情况下，一般应以面对车门的一侧为上座，背对车门的另一侧为下座。

### 3. 引导礼仪

(1) 在走廊的引导礼仪。

接待人员在客人两三步之前，配合步调，让客人走在内侧。

(2) 在楼梯的引导礼仪。

引导客人上楼时，应该让客人走在前面，接待人员走在后面；下楼时，应该由接待人员走在前面，客人在后面。上下楼梯时，接待人员应该注意客人的安全。

(3) 在电梯的引导礼仪。

引导客人乘坐电梯时，接待人员先进入电梯，等客人进入后关闭电梯门；到达时，接待人员应让客人先走出电梯。

(4) 客厅里的引导礼仪。

当客人走入客厅，接待人员礼貌地请客人入座，待客人落座好，行点头礼后方可离开。如有客人坐错下座（一般靠近门的一方为下座），应请客人改坐上座。

## 二、待客礼仪

### 1. 待客规范

(1) 提前打扫，力求整洁。

对于预约的来客，在客人到来之前应做好准备，会客厅要适当收拾干净，并准备一些水果、茶点之类的食品。主人的仪表应整洁。

（2）起身相迎，专门恭候。

见到客人后，主人应主动上前与之握手并自我介绍，并致以诚挚的问候。对于年纪较大或身体不太好的拜访者，还应上前搀扶，以示关心。

（3）盛情款待，斟茶敬烟。

客人坐下后，应为客人倒茶，在谈话过程中应不时地邀请客人吃水果或喝茶，对于吸烟的客人，还应不时敬烟，表现对其的盛情款待。

（4）聚精会神，认真专注。

在与客人交谈时，应认真倾听客人的讲述，言谈举止要符合礼仪。

## 2. 待客座次礼仪

商务待客中应注意座次高低，并可视具体情况安排。

（1）面门为上。

采用"相对式"就座时，通常以面对房门的座位为上座，应让之于来宾；以背对房门的座位为下座，宜由主人自己在此就座。

（2）以右为上。

主客双方采用"并列式"面对正门并排就座时，以右侧为上，应请来宾就座；以左侧为下，应归主人自己就座。

（3）居中为上。

如果客人较少，而接待方人数较多，应请客人坐在中间，接待方人员围坐在来宾的两侧或者四周。

（4）自由为上。

有时未及主人让座，来宾便自行选择了座位并且已经就座，此时主人应顺其自然。

## 3. 奉茶礼仪

在客人入座后、开始交谈前，主人应为客人奉茶。当客人较多时，奉茶应按照以下顺序进行：先客人，后主人；先主宾，后次宾；先长辈，后晚辈；先女士，后男士；先职位高者，后职位低者。

奉茶时，应当注意茶勿斟满、左下右上、右侧递上和适时续茶的要领。

职场礼仪

### 三、送别礼仪

#### 1. 热情挽留

当客人提出告辞时,主人一定要热情挽留。在热情挽留之后,若客人执意要走,则应等客人起身后,再起身相送。切忌在客人刚提出告辞时就积极地起身送客,或者以某种动作、表情暗示送客。

#### 2. 礼貌相送

客人辞行时,主人应与之握别,对其来访表示感谢,请其多多包涵接待工作的不妥之处,道惜别之语(如"慢走""常联系""欢迎再来"等)并礼貌相送。

对于本地的客人,一般应将其送到门口、电梯口、楼下或其乘坐车辆的驶离之处,目送客人离去,待对方完全离开视线后,才能返回。

对于远道而来的客人,则应将其送至车站、码头或机场等处,待对方离开后,才能返回。

## 任务二  商务拜访

案例导入

A公司新建的办公大楼需要添置一系列的办公家具,价值数百万元。公司总经理已决定向B公司购买。在会面当天,B公司销售人员比预定的时间提前了2个小时到达。原来B公司听说A公司的员工宿舍也要在近期内落成,希望A公司员工宿舍需要的家具也能在B公司购买。为了谈这件事,B公司的销售人员还带来了一大堆资料,摆满了A公司台面。A公司总经理没料到对方会提前到访,刚好手边又有其他事情,便请秘书让对方等一会。B公司销售人员等了不到半个小时,就开始不耐烦了。B公司销售人员一边收拾资料一边说:"我还是改天再来拜访吧。"这时,A公司总经理发现对方在收拾资料准备离开时,将自己刚才递上的名片不小心掉在了地上,对方却没发觉,走时还无意从名片上踩了过去。但这个不小心的失误，却令 A 公司总经理改变了初衷，B 公司不仅没有机会与 A 公司商谈员工宿舍家具的采购问题，连几乎到手的数百万元办公室家具的生意也告吹了。

思考：B 公司这次业务失败的原因是什么？在整个案例中，哪些不正当礼仪需要修正，才能使 B 公司成功获得这次业务？

## 一、拜访的准备

### 1. 事先预约

（1）拜访时间。

拜访时间应根据受访者的工作时间和生活习惯来确定。一般而言，公务拜访时应选择对方的上班时间，私人拜访时应选择对方的闲暇时间。

（2）拜访地点。

拜访地点可以是受访者的办公场所或私人居所，也可以是公共娱乐场所，通常应选择离对方较近或方便对方的地点。

（3）拜访人员。

预约时，拜访者应主动告知受访者届时到场的人员身份及人数。一旦确定了拜访人员，就不宜再临时增加、减少或更换人员。

### 2. 准备谈话内容和礼品

拜访前，拜访者应确定好谈话内容，想好届时如何与对方交谈，并准备好与谈话内容相关的资料或物品，如样品、宣传单等。同时，应事先准备一份具有纪念意义或有实用价值的礼品并包装好，以便拜访时赠送给对方。

### 3. 整理仪表

拜访前，拜访者应准备与拜访性质、受访者身份或拜访场所相匹配的服装。一般而言，公务拜访时，应选择较正式的服装，如正装；私人拜访时，则选择整洁得体的服装即可，不要过于正式。同时，拜访者应对自己的仪容稍加修饰，以示尊重。

### 二、拜访的过程

（1）准时赴约。

不可过早或过晚。特殊情况应及时通知受访者，诚恳表示歉意。

（2）礼貌登门。

礼貌地敲门或按门铃，即使受访者的门开着，也须如此。

（3）问候致意。

热情地向其问好、与之握手，若是初次见面，还应作简单的自我介绍。

（4）应邀入座。

随行于受访者，与之同时入座，切忌自行找座、抢先入座或抢占尊位。

（5）举止稳重。

入座后，应坐姿端正、自然，不要过于拘谨或过于放松。

（6）言谈得体。

稍作寒暄后就应切入正题，说明来访事由。

### 三、拜访的结束

（1）控制时间，适时离去。在一般情况下，初次商务拜访应控制在一刻钟至半小时之内。最长的拜访通常也不宜超过两个小时。

（2）在拜访期间，若遇到其他重要的客人来访，应适时告退。

（3）起身告辞时，要向客户表示打扰之歉意，向对方道谢，主动伸手与其握手告别。主人起身相送时应说"请回""请您留步，不必远送"。待主人留步后，走几步，再回首挥手致意说"再见"。

## 任务三　商务馈赠

案例导入

在日本，有一个流传很广的商务礼仪故事。有一个部门主管在餐厅里与客户谈项目,在邻桌专门安排了公司的一名职员。这名职员不是来吃饭的,而是来记录上司与客户的谈话的,当上司旁敲侧击地了解客户及其家人的喜好后,这位职员立马行动,出去张罗礼品。当双方的会谈愉快地结束时,这位职员又不失时机地出现,拎着送给客户一家大小的礼品。客户当然是喜笑颜开,因为不但有自己的礼物,还有家人的,而且是大家喜欢的东西。结果不言而喻,他们的合作很成功。

思考:这个商务礼仪故事,对你有何启发?馈赠礼品时要遵循和注意哪些礼仪?

相关知识

## 一、馈赠礼仪

1. 赠礼的原则

(1) 礼物轻重要得当。

一般来讲,礼物太轻,意义不大,对别人有失尊重;礼物太贵重,又会使受礼者有受贿之嫌,特别是对上级、同事更应注意。因此,礼物的轻重选择应以对方能够愉快接受为尺度。

(2) 送礼间隔要适宜。

赠礼的时间间隔也很有讲究,过于频繁或间隔时间过长都不合适。一般来说,以选择重要节日、生日送礼为宜,这样既不显得突兀客套,又能使受礼者心安理得,两全其美。

(3) 了解风俗禁忌。

赠礼前应了解受礼者的身份、爱好、民族习惯,以免对对方有失尊重,影响双方的友好关系。

(4) 礼品要有意义。

"礼轻情谊重",任何礼物都表示送礼人的特有心意。所以,所赠礼品必须与心意相符,并要使受礼者觉得礼物非同寻常,倍感珍贵。实际上,最好的礼品应该是根据对方兴趣爱好选择的富有意义、耐人寻味、品质不凡的礼品。因此,选择礼物时要考虑其思想性、艺术性、趣味性、纪念性等多方面因素,力求别出心裁、不落俗套。

职场礼仪

(5) 讲究礼品包装。

赠礼时,应选择合适的包装,对礼品略加修饰,使礼品在外观上显得更加精致、高雅,令人赏心悦目,并使受赠者对礼品产生一种探究和好奇心理,同时更加重视礼品的内在价值。相反,如果赠礼时不讲究礼品包装,则会使礼品在外观上逊色,折损礼品所寄托的情意。

2. 赠礼的场合

选择赠礼的场合时,同样要考虑对方所在国家或地区的风俗习惯。例如,对英国人最好是在请人用完晚餐或看完戏之后进行,对法国人则在下次重逢之时为宜。不过有一点各国是一致的,即在初次见面就以礼相赠有失妥当,甚至被认为是贿赂,因此,一般可以选择在对方的某个喜庆活动或之后的登门拜访中赠礼。

## 二、受赠礼仪

### 1. 受礼礼仪

受礼者接受礼物时,应注意以下礼仪。

(1) 握手致谢。

在各种交往活动中,当接受宾朋的礼品时,应有礼貌地双手接过,并握手致谢。

(2) 适当赞美。

许多欧美人喜欢别人接受礼品时,打开包装亲眼欣赏并赞美一番。我们可仿效他们的做法,适时赞誉礼品,以表示自己的感谢之情,同时也是对赠礼者的尊重。

(3) 及时致谢。

收到赠礼者寄来或派人送来的礼品时,应及时回寄一张明信片或发邮件,以示谢意。

### 2. 回赠礼仪

(1) 还礼的时间。

还礼的时间切勿过早,也不要太迟。过早会让人以为是"等价交换"或"划清界限";如果拖延太久,等事情完全冷淡了再还礼,效果也不好。一般来说，还礼的时间与赠礼的时间一样，一是在对方或其家人的某个喜庆活动时，二是在此后登门拜访时。

（2）还礼的形式。

还礼也要选择得体的形式，最好以别人能接受的形式赠送同类物品。例如，你送我笔，我可以送你书。选择和对方相赠礼品价格差不多的物品作为还礼。

用某种意在向对方表示尊重的方式来代替，不必非要还礼。例如，在受礼后，可以口头上向对方致谢或给对方写感谢信或卡片，或者见面的时候使用对方的赠礼等。

### 三、练习题

小马是 A 公司的秘书，其经理李先生告知其一周后 B 公司的周先生和其助理王小姐将来公司洽谈业务，让小马负责接待工作。小马该如何做好此次接待工作？在接待过程中需要遵循哪些礼仪规范？应该注意哪些问题？

# 主题七

# 成就职场之未来

职场礼仪

# 模块九　求职面试礼仪

礼仪是个人素质的外在表现形式,对即将踏上社会的应届毕业生来说,礼仪是决定面试成败的重要因素。它通过求职者的应聘资料、语言、仪态、举止、仪表等方面体现其内在素质。

**教学目标**

1. 了解求职面试的基本礼仪和要求。
2. 掌握面试过程中的礼仪技巧和注意事项。
3. 掌握求职面试后的礼仪规范。

**知识目标**

1. 了解求职面试礼仪的基本原则和要求。
2. 掌握求职面试前的准备工作。
3. 掌握面试中的仪态要求。
4. 熟知面试结束后的礼仪规范。

**技能目标**

1. 增强学生在面试中的表现能力。
2. 提高学生的沟通能力与技巧。
3. 要求学生完成一次模拟面试任务。

## 任务一　求职前准备

**案例导入**

苏州知名企业凯恩集团招聘行政人员,由于公司发展良好,员工待遇优厚，所以应聘者很多。南京师范大学中文系毕业的硕士生小李是众多面试者中一员，她的条件在众多应聘者中是很出色的，首先，她和其他应聘者相比有较高的学历，且在读研期间发表了数篇专业论文；其次，她有相关工作经验，她在前一家公司从事过半年多的行政管理工作；另外，她形象好，五官端正，身材高挑，适合从事行政岗位工作。她自身也很重视面试前的准备，制作了精美的简历，同时为了能在众多应聘者中引起注意，她特意准备了迷你裙，上身是露脐装，化了很浓的妆……

思考：从面试礼仪角度分析，小李在求职前的准备过程中有没有需要改进的地方？

一般而言，求职前的准备工作包括三个方面：认识准备、材料准备、心态准备。

## 一、认识准备

在正式面试前，应聘者必须对市场就业信息、用人单位、面试题目的范围以及求职方法等相关情况，有充分的了解，不能在常识性的问题上摔跟头。

### 1. 了解市场就业信息

就业信息是指有关求职就业方面的消息和情况。一般内容包括国家政治经济状况、就业指导计划、社会各部门需求情况以及未来各产业、职业的发展趋势等宏观情况，以及某些行业、部门对就业者素质的要求，某一职业的发展情况，地区的差异性，单位的具体情况（如规模、前途、人际关系、待遇），大学毕业生的供需状况等。例如，外资企业以高薪酬、高福利、工作环境一流、发展机会较多等特点吸引了不少大学毕业生和高级人才，是求职者的首选。但进入外资企业有一个必要的条件，就是英语要好。很少有外资公司不要求英语过六级的，这是基本条件。了解市场就业信息可以通过新闻媒介、供需见面会、学校就业处等途径

完成。

**2. 知道用人单位的情况**

在决定去应聘之前,求职者应对用人单位有初步的印象,掌握详细的单位情况资料,"知己知彼,百战不殆",如果你对招聘单位一无所知,面试时必遭失败。了解用人单位的情况包括:①近期报刊上有关该单位的内容,单位所属行业的基本情况;②单位近期主要产品或经营项目;③单位的人员构成;④单位的用人及对人才的重视程度;⑤单位的历史及发展前景;⑥单位的性质、位置、福利待遇等情况。

**3. 研究面试时的题目**

面谈和面试时,面试官将会向求职者提出一连串问题。求职者对面试官可能提出的问题应事先有所准备,以便做到胸有成竹,对答如流。

## 二、材料准备

"工欲善其事,必先利其器",必要的材料准备是求职的基本前提,如果连相关的书面材料都没准备,贸然去应聘,百分之百会落选。

**1. 求职信**

目前,用人单位在招聘人员时,大都要求应征人员先行寄上求职信,以供筛选。对于直接登门拜访的应聘者,用人单位通常是不欢迎的。由此可见,写求职信,实际上已经变成应聘时例行的头一道手续。只有过了这一道关卡,才能够拿到应聘的"门票"。撰写求职信时,最重要的是要注意书写规范、谦恭有礼、情真意切、言简意赅。

(1) 书写规范。

写求职信时,第一要旨就是书写必须规范。书写规范,一是要求字迹清晰,二是要求内容正确,三是要求格式标准,四是要求通篇整洁。有条件的话,求职信最好进行电脑打印。必须亲笔书写时,要用带格的正式稿纸,并使用蓝黑色或黑色墨水的钢笔。有必要时,还可附上一篇内容相同的英语译文。

(2) 谦恭有礼。

写求职信时,按规矩要采用书面语言。在字里行间,勿忘自谦与敬人。该有敬语、尊称的地方，千万不要忽略。必要的礼貌用语，亦不可或缺。要求写求职信时谦恭有礼，重在体现个人彬彬有礼的态度和良好教养。仅靠过多地堆砌礼貌用语，并不一定能够做到这一点。

（3）情真意切。

求职信是实用性极强的一种应用文。要写好求职信，就必须使之情真意切。所谓情真，就是在求职信里介绍个人情况时，绝对不可言过其实。只有客观地、实事求是地进行自我推荐，才容易取信于人。

（4）言简意赅。

准确地讲，求职信其实是一种自我介绍信。因此，在写求职信时，一定要把其重点放在自我介绍、自我推荐上。与此无关的话题，写得越少越好。为了便于用人单位阅读，一般情况下，一封求职信在字数上应以500字为限，并且最好将其写在一页纸上完成。另外，句子要短一些，并且要多分段，以便于阅读。

### 2. 个人简历

个人简历是广义上的个人履历，包括自荐书、简历表、推荐表、证书、成绩单等求职资料。个人简历对于求职者是必不可少的，是求职材料中的"重头戏"。个人简历包括姓名、性别、年龄、地址、邮编，会不会使用电脑等。此外，不要漏掉工作经历或社会实践及其成就。如果曾担任学生干部，主持或参与的重要活动自然会引起用人单位的注目；倘若是一位勤奋的笔耕者，发表的文章、取得的科研成果，对求职成功亦大有裨益。当然，个人简历应实事求是，既不要夸大其词，也不要贬低自己。力求做到行文规范，表达准确。写好后可打印出来，篇幅不要超过两页纸，不要出现文字错误及涂改痕迹。一旦选择了较理想的工作单位，不妨主动联系。可先打电话，与用人单位约好时间，再到用人单位面谈。进行电话联络时，要讲究交谈方式，尽量做到语气亲切，语言简明，声音高低适度。因为声音往往可以反映出一个人的年龄、态度、个性等，切不可粗声粗气、大喊大叫。

## 三、心态准备

很多人在求职面试前既担心自己太弱，应聘时不能恰当地回答问题；

又顾虑着对手太强,很可能把自己击败。总之一句话,心理素质太差,心态不够稳定。良好的心理素质,既可以促进自己在竞争中取胜,也能在失败的情况下总结经验教训,以便下次更好地参与竞争。

结合国内外研究,求职前的心态准备主要有以下几个方面。

(1) 明确目标。

有了目标,内心的力量才会找到方向。在求职这样重大的人生关口面前,首先应弄清楚自己的事业发展方向、奋斗目标、所追求的东西。戴维·坎贝尔说:"目标之所以有用,仅仅是因为它能帮助我们从现在走向未来。"卢梭也说过:"选择职业是人生大事,因为职业决定了一个人的未来。"只有明确的求职目标,才会激励自己奋斗,才不会随波逐流,浪费青春。

(2) 自我定位。

在决定是否应聘前,要进行自我定位。在客观把握自身条件的前提下,依据一定的标准,确定最适合自己的职业和职位。没有恰当的自我定位,求职时便会像"无头的苍蝇",盲目乱撞,干什么都是"万金油",到哪里都干不好。通常,求职前的自我定位,必须客观、科学、准确,要注意两大问题。在自我评价时,要实事求是,不卑不亢,既敢于承认自己的长处,又善于发现自己的不足;不能够妄自尊大,自以为是,也不应妄自菲薄,自轻自贱。

(3) 克服恐惧心理。

千万不要因为本不存在的畏惧让才华夭折。面试前的心态准备要努力克服毫无必要的恐惧。克服恐惧的方法有三个。①自我暗示。它能帮助你点燃信心和力量的火苗,克服所有的障碍。②承认自己。不要把自己看成"丑小鸭","天生我材必有用",经过这么多年的学习和锻炼,你肯定拥有自己的长处,在某些领域或问题上会是"白天鹅级"的人物。③拥抱信念。恺撒说:"信念是人类的征服者。"充满必胜的信念和旺盛的精力,在求职面试时会给主考官留下深刻印象。

(4) 充满自信。

自信是求职面试前必备的心理素质,是面试成功的关键。任何公司或单位都不希望自己的职员畏首畏尾、过分谦卑而担当不了大事。

在一家中外合资公司应聘面试时，通过道道关卡，最后只剩下一男一女。经理是外国人，他在与这两位求职者的闲聊中，随便地问了两个问题。"会打羽毛球吗？"男的说："会。"女的其实是不错的羽毛球选手，却答道："打得不好。""给你们一辆小轿车，有没有把握学会驾驶？"男的说："有。"女的则说："做得不好。"最后，公司录用了男性，淘汰了女性。公司对她的评价是：有自卑情绪，缺乏自信心，无法胜任本公司职务。那个男生就是凭"会""有"这两个字，轻而易举地击败了对方，取得了求职的胜利。

（5）积极进取。

不管遇到什么事情，去做不一定能够成功，但不做就一定不会成功。凡事要积极争取，就业机会也如此。

有一次，某大学毕业生小余顺利地通过面试，用人单位已答应录用。但几天过后，又收到通知：不予录用。企业也应该守信誉，怎么能出尔反尔。小余很冲动地给该企业人事处打了个电话，驳斥了那些不成理由的理由。当时她并未对事情的结局抱什么希望。谁知，第二个星期，该企业人事处通知小余，经过他们向老总反映，老总同意破格录用她。

可见，凡事要积极争取，"樱桃好吃树难栽"，天上不会自动掉下一块大馅饼，机遇也要靠自己去争取。

（6）莫言放弃。

初进职场的求职者，常抱着"非××公司"不去的念头，而一旦马失前蹄，就容易产生失落感，从而陷入自卑的深渊。这个时候，不要轻言放弃，凡事总有个得失。正确的做法是痛定思痛，分析原因，找出自己的不足，以更大的信心寻找市场，抓住下一个机会，相信"山重水复疑无路，柳暗花明又一村"。

（7）勿弃专业。

眼下专业意识虽已被淡化，但专业仍是大学生的立足之本，从事本专业的工作，比改行有更大的发展潜力。

职场礼仪

小刘和小杨是同时进某电脑公司的计算机专业硕士，小刘坚持不放弃电脑网络专业，当了一名网络开发工程师；小杨则应聘行政助理，放弃了计算机专业。在日新月异的计算机领域，小刘跟上了发展的步伐，三年后当上了网络工程主管；而小杨却忙碌于无休无止的行政事务，彻底放弃了计算机技术。开始时小杨的收入要高于小刘，现在反而不及小刘的一半，后悔不迭。

（8）培养韧性。

人的一生要有所成就，一半靠实力，一半靠机遇。把握机遇要靠耐心和韧性，求职时更离不开这一点。

松下电器创始人松下幸之助，原本家里很穷，全靠他一人养家糊口。一次，他去一家大电器厂求职。身材瘦小的他来到电器厂人事部，说明来意，请求安排一个工作最差、工资最低的活给他。人事部主管见他个头瘦小又衣着不整，不便直说，就随便找个理由："现在不缺人，过一个月再来看看。"人家原本是推托，没想到一个月后松下幸之助真来了。人事部主管推托有事没空，过几天松下幸之助又来了。如此反复多次，那位负责人说："你这样脏兮兮怕进不了厂。"于是，松下幸之助回去借钱买了衣服，穿戴整齐地来了。主管看没办法，便告诉松下幸之助："关于电器的知识你知道得太少，不能收。"两个月后，松下幸之助又来了，说："我已学了不少电器方面的知识，您看哪个方面还有差距，我一项项来弥补。"人事部的主管看了他半天才说："我干这项工作几十年了，头一次见到你这样来找工作的，真佩服你的耐心和韧性。"松下幸之助打动了主管，如愿进了工厂，并经过不懈努力，成为"经营之神"。可见，坚持下去，海阔天空。

（9）勇于推销。

有的学生面试时的考题很简单："你有三分钟的时间表现自己，若表现得使我感兴趣，就留下来，否则就另请高就。"这三分钟的表现，可以成为去留的依据。有的学生充分显示实力，把握住了机会，有的学生因不会表现而不被选择。有的学生为了显得谦虚，尽量少讲自己的优点，少表现自己，结果也失去了机会。要推销产品、推销企业形象，首先学会推销自己。现在这个年代，"酒香也怕巷子深"。有一对同窗好友，学习成绩不相上下。当面试人提出"外语水平如何"的问题时，甲比较谦虚，只说通过六级，并出示证书；乙作了同样回答后，还讲述了自己参加过英语口语强化训练及口语竞赛获奖情况，并递上证书和奖状。谁优谁劣，谁胜谁负，立见分晓。当然，宣传自我、显示实力必须注意适度，不能自吹自擂，吹得神乎其神。

（10）调整观念。

如今找份工作不容易，找好的工作更难。有的求职者"宁要大城市一张床，不要小城市一间房"，盲目坚持非大城市、待遇高、效益好的单位不去，到头来只能是"竹篮打水一场空"，不但浪费了时间、精力、财力，更重要的是错过很多适合自己的机会。求职者应从自己的实际出发，处理好理想与现实的关系，调整就业心理。等待"一步到位"，不如"骑牛找马"，先就业，再择业，也是一种新的择业观。但是同样值得注意的是，虽然人才市场发展已不强调择业的"从一而终"，"水往低处流，人往高处走"自然规律，但市场同样会拒绝那些跳来跳去，对企业、对单位缺乏责任心的"老运动员"。用人单位对那些频繁跳槽的求职者怀有强烈的不信任感。须记住，没有特别的原因，切忌频频跳槽，这已是人才市场最忌讳的"不良记录"。

（11）竞争心态。

每个人都有争强好胜之心，竞争能力是自身发展和社会发展的需要。竞争是实力的展示，竞争是人格的考验，竞争的目的是使人们在危机感中不断寻找拼搏前进的新的制高点，让每个人的才能得到充分发挥，从而使人类的精神和物质财富得到空前的丰富。但是，我们应该明白，竞争是众多的人在追求同一个目标，每次较量的结果，冠军只能有一个，可能绝大多数不能如愿。要认识到，这是一种正常现象，应持宽松的心态，只要尽力就顺其自然，"谋事在人，成事在天"，然后重整旗鼓寻找新的目标继续前进。成功有先后，胜利在迟早，只要目标合乎客观实际，加上自己不懈的努力，人人都有可能成功。

因此，求职者要保持良好的竞争心态，正确看待择业过程中的一时挫折，主动摆脱受到挫折后的颓丧情绪，积极设法寻求新的择业机遇，

努力争取下一次竞争的成功。

讲了这么多求职时应注意的心态问题，归根结底是要求职者具备健康的心态。求职面试时，求职者如果没有健康积极的心态，就很难在待人接物、为人处世上表现出热情，也不可能取得求职的成功和事业的辉煌。有了切实的心态准备，具有良好的心理素质，就能主动接受挑战，有精神就有了可靠的后方家园。这样，"兵来将挡，水来土掩"，你还有什么好担心的呢？

### 四、仪表、仪容准备

#### 1. 面试着装准备

求职者的外在形象，是给主考官的第一印象。对于求职者来说，一套合适的职业装是必不可少的，与职业装相配的鞋子、袜子、皮带以及包都是在面试前需要准备的物品。男士在面试中，不宜佩戴饰品，女士佩戴饰品时，应避免佩戴得过多、过杂，应当遵循"少而精"的原则。无论是男士还是女士，包的选择应该偏于职业化，男士可以选择公文包，女士选择包时不要过于花哨。包内物品应精简，归类整齐，不能什么东西都放在包内。

#### 2. 仪容准备

（1）头发。

女士应聘者，头发要梳理整齐，最好不要染色，留长发的女士不要披头散发，前额刘海不要超过眉毛。男士应聘者在面试前应保持头发整洁，发型简单、朴素，稳重大方，前面不留刘海，侧面头发不盖耳朵，后面头发不碰衣领。

（2）脸。

男士求职者在面试时不用化妆，但需要把脸洗干净，把胡子刮干净。女士求职者面试当天化一点妆会显得更精神、更自信，但化妆一定要以轻柔、优雅的淡妆为主，切忌浓妆艳抹。

（3）手。

手是人体中活动最多的部分之一，面试官递交材料时，手往往会成为面试官注视的焦点。因此面试时前要注意手部卫生，不要留长指甲，女士不要涂抹颜色艳丽的指甲油。

（4）体味。

面试前应该洗澡，既可以除掉身上的异味，也可以让精神更抖擞。面试前不要吃洋葱、大蒜等味道刺激的食物；面试前最好不要抽烟，也不要喝酒；面试前两三个小时，可以使用一些清淡型的香水。

### 五、其他准备

资料的准备是面试前必须要做的。面试时可以多带几份个人简历的复印件，同时准备自己的证件、获奖证书、成果或作品集等复印件。带好用来记录的笔和纸。同时，面试前要做好行程计划，尤其是到自己不熟悉的地方，必须提前规划好路程和时间，以免面试迟到。

## 任务二　面试中的礼仪

### 案例导入

一位大学生到一家著名的国外大公司去求职，很快被录用了。公司的员工对此很惊讶，问公司的总裁为什么。总裁说："你们没有注意到吗？他在门口蹭掉了脚上的土，进门后随手关上了门，说明他是个做事很小心的人。当他看到残疾人时，他立即让座，表明他心地善良，体贴别人。进了办公室他先脱帽子，回答我所有的问题干脆果断，证明他既有礼貌又有素养。其他人从我故意放在地上的那本书上迈过去，而他却俯身拣起那本书并放在桌上。当我和他交谈时，我发现他衣着整齐，头发梳得整整齐齐，坐姿端正。这样注重细节的人难道不该用吗？"

思考：案例中的大学生在面试时注意到了哪些礼仪方面的细节？

### 一、外在形象

求职者的形象给主考官的印象如何，常常关系求职的成败。个人仪

表直接决定你能否在面试时更好地显示出自己的风度和神采。

1. 形象的作用

在求职面试活动中，主考官首先是通过求职者的仪表来认识对方的。在最初的交往中，仪表往往比简历、介绍信、证明、文凭等的作用更直接，更能产生直接的效果。主考官往往通过仪表来判断求职者的身份、地位、学识、个性等，并形成一种特殊的心理定式和情绪定式，这种心理定式和情绪定式就称为"第一印象"。专家指出，一个人对另一个人的印象，在初次见面时的短短几分钟内已经形成，且"第一印象"在无形中左右着主考官的判断。

2. 打造形象的做法

树立良好的形象，必须从一点一滴做起。求职面试时，一定要树立良好的形象，它将配合你的气质，既显示了你对工作、对主考官的重视，也在为你赢得成功创造良机。一个懂得自我包装而又具备其他各方面优良素质的人，成功的机会或许更多，因为精致的东西的确是令人喜爱而又乐于接受和信赖的。所以，面试着装一定要三思而后行，良好的形象也是一种投资行为。

（1）努力提高自身素质。

求职者应重视着装礼仪，仪表美不仅仅在于掌握了梳妆打扮的具体技巧，更重要的在于内在素质的培养。一个人的素质是文化修养、生活态度、能力才干和生活情趣的综合体现。美学家们把生命力视为一条重要的美学原则。珍视生命，培养积极向上的情趣，体现蓬勃朝气的风貌，外貌和心灵都将更加美好。仪表美、着装美是审美能力的一种体现。这涉及人的品位与修养问题。"腹有诗书气自华"，多读书，多加强内在的修养和服饰方面的修养，有助于提高穿衣品味，穿出成功的形象，穿出魅力。我们强调形象的重要性，尤其是对于一个求职者，如果才华出众，再加上适当的包装，就能在这个竞争激烈的大环境中脱颖而出。

（2）整齐与清洁。

一个热爱生活、富于理想的人，他的形象往往是整洁美观的；一个文化素养较高的人，他的穿戴常常是端庄高雅的；一个勇于进取、热情似火的人，他的装扮大多是新颖不俗，富有创造性的；一个工作作风严谨的人，他的着装是清洁得体的。因此，求职面试着装有讲究。如果衣冠不整、邋里邋遢、不修边幅、稀奇古怪，会被认为生活无规律、作风拖沓、生活懒散、社会责任感不强，难以得到信任。

元代一个叫胡石塘的人应聘入学，在元世祖忽必烈召见时，没有发现自己戴的帽子歪斜着。元世祖问他都学些什么，胡石塘答道："治国平天下之学。"元世祖笑着说："自己的一顶帽子都戴不端正，还能平天下吗？"于是，胡石塘就没有被任用。可见，在古代就已把衣冠整齐与一个人的工作作风和工作能力相联系。现在，整齐还包括配合天气、颜色搭配、鞋履饰物的配衬等。一名对外在形象漠不关心的求职者，很难使人相信他有主动积极、尽善尽美的工作表现。

（3）用形象增强自信。

漂亮得体的形象，使人心中产生优越感，增加自信。因此，在求职面试时，不必穿太高档的服装，穿着整洁大方，与对方建立起平等关系。要是穿着太随便，看着对方西装革履，自感相形见绌，就会信心不足，站在别人面前，心理上就已比别人低了一等。可见求职面试时的服装，已不是一件普通的衣服，也是一件保护心灵的"外套"。有些单位在招聘人才时，优先考虑的往往是衣着得体的应聘者。有一位心理学教授对参加期末考试的学生提出这样的忠告："让衣着提高你的活力与信心。"穿着得体，有利于工作和学习，有利于提高生活情趣。

（4）投其所好。

有些求职者总是喜欢根据自己的爱好来装扮，这样的好处是在面谈时感到自然轻松。但如果你的形象不符合主考官的习惯，没有投其所好，有可能影响录用。如果主考官对装扮不太注重，而你的服装太过讲究，那么他可能不会觉得你是有能力的人，就不会录用你。

（5）与职位相配。

如果应聘的是高阶层的大企业或政府职位，应穿得体的西装，所有的服饰配件都应该简洁利落。但是，如果应聘的只是一名小主管的职务，

穿着满身名牌去应试，显得不相称，也会引起他人对你应聘目的的怀疑。

(6) 形象戒轻佻。

作为一名女性求职者，应该对自己着装发出的信息负责，切勿做性感女神。作为一名职业女性，上班、求职时的着装应端庄大方。

有家中外合资企业招聘一名办公室秘书。小A学过文秘专业，会电脑操作，简单的英语会话也能应付，应该说条件不错，具有竞争实力。然而，应聘面试那天，她却犯了大忌：穿着太暴露，且化了浓妆。结果她落选了。面试时，人们对你并不认识，服装无疑是最直接的媒介。企业招聘的是办公室秘书，如果穿着太暴露给人以轻佻的印象，显然与办公室的场合不相适宜。

(7) 适应未来工作的需要。

求职者应根据所应聘的工作性质和类型，确定自己的穿着。某合资公司招聘公关小姐一名。面试那天，周小姐精心地化了妆，为了体现现代气息和朝气，她选择了一身时髦的牛仔服和一双高帮运动鞋。与周小姐面谈的是公司的人事经理黄先生。黄先生询问了几个常规问题后，问周小姐为什么如此装束。周小姐便说："我这打扮，是为了体现生机与进取。作为公关小姐，就是要体现青春和活力。"但最后，周小姐落选了。

周小姐的失败，明显的错误就在于装扮不合适，从周小姐对装束的错误解释，可见其对工作性质和工作内容不了解。如果申请的是临时工作并且需出外勤，那么轻松一些，日常装就可以了，力求表现出青春朝气和健康。当你对应聘工作环境一无所知时，不妨以整洁大方的打扮去面试，不会让你在服饰外观上失分。

(8) 不要盲目赶时髦。

大多数人，习惯于流行，认为只要是时髦、新颖、不同的形象就是好的。在上班族的概念里，时髦并不是一种广被接受的品位。根据市场调查，绝大多数的人力资源部经理或公司主管被问到他们愿不愿意雇用衣着太时髦的员工时，回答都是不愿意。另外有很多主管也表示，他们也不赞成部门的员工经常穿着太时髦的服饰。

(9）适合个性特征。

对于中年求职者，形象、着装很重要。人事专家认为，换个得体的发型，可以一改"老土"和过时的形象，增加自信。衣着应给人健康、干练、有活力的感觉，这样主考官才对你有信心。

某公司招聘一名接待人员，前来应聘的五个都是二十出头的女子，五人当中大部分穿白色或单色衬衫配牛仔裤，看上去就像刚放学的学生。其中一位小姐，虽同样穿浅色衬衫，但带了手袋和涂了少许唇膏，看起来像一个有工作经验的职员，因为她有较适当的仪容装扮去面试，所以最终入选了。

(10）注意形象的礼貌。

穿衣不得随便。形象得体是一种礼貌，是一种礼仪要求，它体现了一个人的文化素质和文明程度，也体现一个人对他人、社会的尊重态度。因为人具有社会属性，只有重视别人，才会花心思在衣着方面。就公司方面来说，形象可说是衡量一名求职者有无社会常识及礼貌的先决标准。对于刚刚踏入社会的求职者来说，必须先学习社会礼仪，方能增加被录取的机会。

(11）力求舒适。

形象在得体之余，还要力求舒适，包括精神上和身体上的舒适。可以穿以前穿过的、流露真实自我的衣服，不宜穿新衣服，那样会使你觉得不自然。所以，服饰应本着舒适的基本原则。

(12）形象是心理反应。

好的形象效果能带给你好的心情，有了好的心情，也就有自信，谈吐、举止才会落落大方，才能展示你内在的气质美。内在美与着装美相得益彰，才是完整的美。它有助于你面试的顺利与成功。有一位男士，他自称已辞去工作，在经商，且生意红火。可他身穿一件又黄又软的白衬衫，领口还起毛，皮鞋也很旧，还有灰尘。他的衣着出卖了他。

## 二、行为举止

除了形象方面须注意外，在面试时，行为举止同样要重视。一般而

职场礼仪

言,在行为举止方面要注意以下八点。

### 1. 应聘时不要结伴而行

无论应聘什么职位或工种,独立性、自信心都是招聘单位对每位应聘者的基本素质要求。应聘时结伴而行,给主考官的印象是自信心不足,缺乏独立性,容易遭到淘汰。

有一个男生和女友一起到某公司应聘,当然女友是旁观者。会见主考官时求职者将女友介绍给主考官,面试官流露出不满意的神态,结果他最后落选,面试官给出的理由是:"面试也要女友陪着,今后怎么能独立完成工作?"

### 2. 保持一定距离

面试时,求职者和主考官必须保持一定的距离,留有适当的空间,不适当的距离会使主考官感到不舒服。如果面试人多,招聘单位一般会预先布置好面试室,把求职者坐的位置固定好。你进面试室后,不要随意将固定的椅子挪来挪去。有的人喜欢表现亲密,总是把椅子往前挪。殊不知,这是失礼行为。如果应试人少,主考官也许会让你同坐在一张沙发上,这时,你应该界定距离,太近容易和主考官产生肌肤接触,这是失礼行为,特别是女性应试者,更应注意这个问题,不要给人轻佻的印象;坐得太远则会使主考官产生一种疏远的感觉,会影响沟通的效果。

### 3. 不卑不亢

求职面试的过程也是一种人际交流过程,求职双方都应用平和的心态去交流。对于求职者而言,应该不卑不亢。有的求职者一副胜券在握的派头,不该发问的大举发问,举止言行大大超"俗",似乎不是在求职而是在表演,其应聘结果可想而知。不卑不亢,必须建立在自信、自尊、自重的基础上,既不卑躬屈膝,又不高傲自大;既不妄自菲薄,又不盛气凌人。与人交谈要豁达开朗、坦诚乐观,谨慎而不拘谨。

### 4. 举止要大方

举止大方是指举手投足自然、优雅、不拘束,从容不迫,显示良好的风度。

某女大学生到某公司应聘,由于社会阅历、人生经验不够丰富,她总是显得放不开,像在课堂上回答不出老师提问的小女孩。坐下后,手足无措,一双手搁在台上也不是,放下去也不是,只好时不时折一下自带的个人资料,搓一搓衣角。在回答问题时,思路、才华不错,但主考官的眉头却始终舒展不开,最后她回答完问题竟用手捂住了嘴,一副不谙世事的忸怩样,令人觉得特别不雅观、不自然。最后她被礼貌地打发走了。主考官说:"其实她的素质还是不错的,学的专业又对口,文凭也可以,唯一美中不足的是不够大方,举止不得体,那些小动作会影响个人气质进而影响公司整体形象。试想如果录用了她,在和客户洽谈时,她这么来几下,还不把公司的招牌给砸了。"

### 5. 忌奉承拍马

为了某种个人目的而在考官面前奉承拍马,是一种卑鄙行为,求职者即使临场发挥再好,单凭这一点,考官便会慎重考虑。

一名求职者在面试时先是殷勤地向考官敬烟,遭拒后又问考官饿不饿,并表示愿意请吃饭,结果又被考官客气地婉拒了,并被劝出考场。

因此,求职者在面试时应注意保持君子风范。

### 6. 客观原因举止失误

如果因为客观原因而造成举手投足的失误,不一定会影响应聘结果。

有一位应聘者刚从国外回来,熬了夜,双眼通红。他走进面试的房间,玻璃桌面反射的阳光让他几乎睁不开眼。他伸手与主考官握手时,不小心碰倒了桌上的一个水杯,溅得对方满身的水。但因为他有足够的专业知识和职业素质,面试官在了解了情况之后并未生气,经过几轮面试,他被聘用了。

### 7. 忌不拘小节

作为求职者,自恃学历高,或者有经验、有能力,在求职时不拘小节,一副无所谓的样子,是不可取的。正是这些不易被人注意的细节,使不少人失去好的工作机会。这些细节,体现了求职者的思想品格和敬业乐业精神。

一位研究生毕业的男士,到一家新企业面试,企业老板亲自接待他,面试进行得很顺利,求职者似乎胜券在握,不免有些洋洋得意,最后这

位老板把他送到了办公大楼门口,这位求职者钻进了他借来的一辆某公司的小轿车。望着远去的小轿车,这位老板若有所思,要是有一天,他也开着我公司给他用的小汽车,到别的公司去求职,我会有什么感受呢?这样的人能录用吗?

### 8. 切勿犹豫不决

一般来说,求职者应聘时举棋不定是不明智的,这样容易让招聘单位有更多的选择机会,而自己却丧失一次机遇。犹豫不决容易让主考官感到你是个信心不足的人,难免怀疑你的工作作风与实际能力,在某种程度上也反映了应聘者对单位的不信任心理,也就缺乏了必要的诚意。试想这样的员工哪个单位愿意录用呢?

准备跳槽的黄小姐到某公司应聘文员职位,由于她各方面条件较为符合,又通过了笔试、面试两关,主考官很满意,当即让她办理入职手续,可黄小姐担忧工资、待遇比不上原单位,一时拿不定主意,对方见她一副犹豫不决的样子,便叫她回去考虑清楚。谁知次日,当黄小姐打电话告诉主考官,表示自己愿加入公司时,对方却客气地回绝了她,理由是已另有人选。

## 三、见面礼仪

以上分别从形象和举止两个方面,介绍了求职面试时的礼节。下面从程序方面,介绍面试的几个环节,首先从见面礼仪开始。

### 1. 遵时守信

一定要遵时守信,千万别迟到或违约。迟到和违约都是不尊重主考官的一种表现,也是一种不礼貌的行为。如果你有客观原因需改期面试或不能如约按时到场,应事先打电话告知主考官,以免对方久等。万一已经迟到,不妨主动陈述原因,宜简洁表达,如"真对不起,路上塞车太厉害",这是必备的礼仪。对于面试这么重大的事情都可以随随便便、马马虎虎的人,容易被认为是言而无信、对工作缺乏热情和责任心的人。求职者最好提早10~20分钟到达面试地点,一来可以先熟悉一下环境,找到准确的面试场所;二来可以稍稍休息一下,稳定一下情绪,免得一到就气喘吁吁，慌慌张张进面试室。

### 2. 放松心情

许多求职者一到面试地点就会产生一种恐惧心理，害怕自己思维紊乱，词不达意，出现差错，以致痛失良机，于是往往会因为紧张而出现心跳加快、面红耳赤、呼吸频率加剧的情况。这时，应让自己先深呼吸几次，然后控制自己的呼吸节奏，平缓、有节奏地一呼一吸，心情就会有所好转。

### 3. 以礼相待

对候试室或面试室门口的接待员要以礼相待，注意细节，恰当地表达礼貌。总之，在等候时，不要旁若无人，随心所欲，这可能会给人留下恶劣的印象。不可轻视接待员，也许接待员就是公司经理的秘书、办公室主任或人事部门的主管人。如果你目中无人、没有礼貌，在决定是否录用时，他们可能也有发言权。所以，你要给所有人留下好的印象，而并非只关注主考官。另外，在见面时，要将手机关机，不要让它干扰面试流程。

### 4. 入室敲门

如被传召，在入面试室时应先敲门。即使面试房间的门是虚掩的，也应敲门，千万别冒冒失失推门就进，给人鲁莽、无礼的印象。敲门时要注意敲门声的大小和敲门的速率。正确的方法是用右手背的手指关节轻轻地敲三响，问一声："可以进来吗？"得到允许后再轻轻推门而入。进入后，转身静静地把门关好，动作轻柔，尽量不发出声音。

### 5. 相逢微笑

"相逢开口笑"是一种常用的见面体态语。求职者在踏入面试室，与主考官四目交投之时，便应面露微笑，用和颜悦色来与对方见面。如果有多位考官，应环视一下，面带微笑，以眼神向所有人致意。调查研究发现，陌生人在互相认识时，彼此会首先留意对方的面部表情，然后才是身体的其他部分。面带真诚、自然、由衷的微笑可以展示一个人的风度，表现出内在的自信、友好、亲切和健康心理，有利于求职者塑造自我形象，给人留下好的印象，对面试结果有利。求职者与主考官相识之

后，便要稍微收敛笑容，集中精神应对面试。

### 6. 招呼问好

求职者应主动地微笑着向主考官点头、打招呼，礼貌地问候"您好"或"大家好"。如果你一进房间便听到主考官亲切、热情地问候"你好"或"很高兴见到你"等，则应该视情况回答"你好"或"见到您我也很高兴""感谢您给我这次面试的机会"之类的话。这是一种起码的见面礼节，见到主考官不打招呼或当别人向你打招呼而不予回答，都是一种失礼行为。

### 7. 莫先伸手

进到面试室，行握手之礼，应是主考官先伸手，然后你单手相迎，右手热情相握。若你拒绝或忽视了主考官伸过来的手，则是你的失礼。若非主考官先伸手，你切勿贸然伸手与对方握手，这是基本的礼仪。

### 8. "请"才入座

进入面试室不要自己坐下，要等主考官请你就坐时再入座。对方请你入座，应表示谢意，并坐在主考官指定的椅子上。如果椅子不舒适或正好面对阳光，你不得不眯着眼，那么最好提出来，可以说："光线直射我的眼睛，我看不清你。如果你不介意，我打算换个座位。"如果没有特意为你留座位，你可以选一个与面试官面对面的位置，这样在交谈时可以直视对方。

### 9. 递物大方

带上个人简历、证件、介绍信或推荐信等必要的求职资料，见面时，一定要保证不用翻找就能迅速取出所需资料。如果要送上这些资料，应双手奉上，表现得大方和谦逊。

## 四、应答礼仪

求职面试的核心内容就是应答，求职者必须对自己的谈吐加以认真地考量，上文提到的仪表形象、行为举止到谈吐、素质、能力，都能在应答过程中得以体现，在应答过程中要注重相应的原则和礼节规范。

### 1. 文明礼貌

面试时绝对不应粗俗、无礼。不论是自我介绍，还是答复询问，均须使用必要的谦词、敬语。回答考官提问，应称其职务，或以"您"和其他尊称相称。

*2. 言辞标准*

求职者在回答考官提问时，要把握好言辞标准。要求面试时谈吐标准，首先是要求回答问题要完整、准确，绝对不要东拉西扯、张冠李戴。除此之外，还要求面试者语言要流畅，发音要标准，多用术语，在通常情况下使用普通话。

*3. 语言连贯*

求职者在面试时，谈吐的连贯与否至关重要。求职者谈吐连贯，在这里具有双重的含意：一是要求前后连贯，即面试时的谈吐应与求职者自己向用人单位提供的书面材料完全相符；二是应答时要一气呵成，不要拖泥带水、吞吞吐吐。

*4. 内容简洁*

在应答时，求职者的谈吐应当化繁为简，简明扼要。能不说的话，就不要说；能少说的话，就不多说；不该重复的话，就一定不要重复。倘若考官限定了自我介绍或回答问题的时间，务必严格遵守。在用人单位看来，应答简洁，体现了求职者的归纳总结能力。

## 五、告别礼仪

求职者听到主考官说"今天就谈到这里""你的情况我们已经了解了。你知道，在做出最后决定之前，我们还要面试几位申请人""很感谢你对我们公司这项工作的关注""谢谢你对我们招聘工作的关心""好了，暂且至此，我们一旦有决定，就会立即通知你"等话语，你可以主动告辞，告辞时要注意礼貌。

如果被录用，应向主考官表示感谢，希望今后合作愉快。

若结果未知，则应再次强调你对应聘工作的热情，并感谢对方抽时间与你交谈。

表示与主考官们的交谈获益匪浅，并希望今后能有机会，得到对方进一步的指导，有可能的话，可约定下次见面的时间。

戒言词过分。不要使用"拜托你啦""请多关照"这些词句，以免使对方感到你实力不足。

失聘不失态。即使在求职无望的情况下，也应及时结束谈话，而不应申辩理由，强行"推销"自己。最后，应面带微笑，感谢考官花时间与你面谈。

## 任务三 面试后礼仪

### 案例导入

小李和小王是同班同学，他们一起参加了全国知名企业A公司的校园招聘，并都顺利进入了第二轮面试。面试结束前面试官告诉他们，根据公司的录用流程面试结果会在一周后向他们反馈。

小李和小王面试过后都觉得自己的条件和公司的要求有一定的差距，因为公司希望应聘者有在学校参与过跟岗位相关的项目经验，而他们都没有。小李回家后感觉自己希望不大，便一边等公司的通知一边准备其他公司的面试。小王面试结束后给面试官张经理发了一封电子邮件，感谢A公司给了他面试机会，并在此次面试过程收获很多。一周后，小李和小王都没有收到录用的邮件或电话。小王便打电话到A公司人力资源部询问面试的结果，人力资源部经理说由于他没有项目经验，所以没有被录用。但过了一天后，小王便接到了A公司的录用通知，因为公司需要增加一个岗位。

思考：案例中小王在面试后的行为对他被录用起到了什么积极作用？

### 相关知识

面试结束后应该注意哪些方面的礼仪？许多大学生求职者只留意面试，却忽略了面试后的礼仪。实际上，面试结束并不意味着求职过程的完结，求职者不应该被动等待聘用通知的到来，有些时候还要有一些必备的面试后礼仪，如感谢面试官、主动询问面试结果、正确对待面试结果等。

## 一、感谢面试官

面试结束并不意味着求职过程的结束。为了加深招聘人员对你的印象，增加求职成功的可能性，对想抓住工作机会的人来说，面试后的两三天内，最好给面试官打电话或发邮件表示感谢。

### 1. 打感谢电话

可以在面试后的一两天之内给面试官打电话表示感谢，感谢电话要简短，最好不超过 3 分钟，电话里不要询问面试结果，因为这个电话仅仅是为了表现你的礼貌，让对方加深对你的印象。同时要考虑在合适的时间内打电话。

### 2. 发感谢邮件

面试官对应聘者的记忆是短暂的。感谢邮件是你最后的机会，它能使你显得与其他求职者有所不同。

邮件的开头应提你的姓名及简单情况，以及面试的时间，并对面试官表示感谢。中间要重申你对该公司、该职位的兴趣，或增加一些对求职成功有用的新内容。结尾可以表示你对得到这份工作的迫切心情，以及为公司的发展壮大做贡献的决心。

## 二、电话询问面试结果

面试结束之后的一周左右，如果还没有得到任何回音，可以给负责招聘的人打个电话，询问面试的结果。这里有两个细节必须要注意。

### 1. 打电话的时间

从礼仪角度来说，打电话最得体的时间应该是对方方便的时间。要尽量避开对方工作繁忙时间、休息时间、用餐时间、生理疲倦时间。因为询问面试结果是公事，应在工作时间段打这个电话。

不要选择周一上午和周五下午打电话，因为这两个时间段很多单位有开例会的习惯。即使不开例会，周一早上是一周的开始，往往处于适应期，还有工作上的事宜需要安排；周五下午又临近着周末，所以从心

**职场礼仪**

理上自然会"排斥"添麻烦的事情。

也不要选择工作日的中午一小时左右的时间及其他私人时间,特别是节假日时间。因为这个时间属于对方休息时间,在休息时间询问工作事宜显然是不合适的。

### 2. 怎么问

接通电话后,要简单介绍你及你应聘的岗位或面试的情形,以便对方能回忆起你。如果你要找的人不在座位上,可以打听要找的人什么时间在,到时候再打,而不是给对方留言或让接电话的人代为询问面试结果。

一般情况下,打电话询问面试结果,最多打三次就可以了。因为即使再研究,经过前后三个电话询问的周期,录用的程序应该确定了。而且经过三次电话询问,公司招聘人员对你的印象会比较深。

## 三、正确对待面试结果

### 1. 心平气和地接收录取通知

一个求职者经过多次的面试之后,收到了公司录用通知,这是值得庆祝的事情,但是要保持平和的心态,毕竟这才是进入职场的开始。

如果知道自己没被录用,可以冷静地向面试官请教落聘的原因,可以说"对不起,我想请教一下没有被录用的原因,好继续努力"。谦虚有可能赢得对方的好感,给你下一次的面试机会。

### 2. 不要忽视被你拒绝的公司

在求职过程中,你可能因为表现出色,被几家公司同时录用。这时候你应该认真考虑选择哪家公司,做好决定后一定要向被你拒绝的公司发出感谢信,表达自己对公司提供机会的谢意,说明自己已经接受其他工作。这封感谢信除了会给这些公司留下好印象外,也为未来你换到该公司工作或者与该公司合作保留了机会。需要注意的是,感谢信中不必解释接受另一份工作的理由,也不必提及具体是哪家公司。

# 模块十　商业演讲礼仪

演讲礼仪是一种程序、一种方式，也是一种形象设计。演讲礼仪是能够使演讲这种交流方式达到最佳效果的形象设计、行为方式和沟通技巧。演讲礼仪在演讲中发挥着重要的作用，在演讲时，演讲者在个人气质、穿着打扮、言谈举止等方面都有很多礼仪需要注意。

**教学目标**

1. 了解商业演讲的基本礼仪和要求。
2. 掌握商业演讲中的礼仪技巧和注意事项。

**知识目标**

1. 了解商业演讲礼仪的基本原则和要求。
2. 掌握消除商业演讲前紧张情绪的方法。
3. 掌握商业演讲时应具备的礼节。

**技能目标**

1. 提高学生的语言表达能力。
2. 增强学生在演讲中的技巧。
3. 要求学生完成一次模拟商业演讲。

## 任务一　演讲前的准备

**案例导入**

美国总统林肯出身于农民家庭，做过雇工、石匠、店员、舵手、伐木工等，他一直很注重对自己进行演讲训练。17 岁时，他常徒步 30 多英里（1 英里约等于 1.6 千米）到镇上，听法院律师的辩诉，听传教士的布道，听政界人士慷慨激昂的演讲。他回家后就精心模仿演练，一次

他为准备伊利诺斯集会上的演讲，面对光秃秃的树桩和一片玉米地进行了一遍又一遍地试讲。后来他连任两任总统，成为世界著名的演说家。

思考：林肯在演讲前的准备工作有哪些？

### 一、演讲前的心理准备

心理学研究表明，人们在日常生活中，经常会遇到各种各样的困难和障碍，为了解决问题，实现自己的目标，就必须克服困难。而困难的出现和克服，会引起人内心的不安和紧张，严重时就会给人带来恐惧，形成焦虑。

既然紧张恐惧的心理是不可避免的，那么能否处理好紧张心理直接影响着演讲的成功与否。针对演讲中的紧张心理，可以通过以下途径进行缓解。

#### 1. 充分准备

林肯曾说："我相信，我若是无话可说时，就是经验再多、年龄再老，也不能免于难为情。"这话说得很深刻。要进行成功的演讲，就必须有充分的准备，否则，没有准备好就出现在听众面前，与未穿衣服是一样的。对付怯场心理最有力的武器是诚心诚意地告诉自己你对本次演讲准备得十分充分。只有有备而来的演说者，才能获得自信和成功。

#### 2. 端正演讲动机，减轻心理负担

对演讲者来说，平时不但要做好演讲前的准备，还要注意加强自己的心理训练和调适。不要把目标定得过高，对于不切实际的期望要有客观的分析。如果把演讲的意义片面夸大，甚至把演讲与个人终生的成就、事业和幸福等紧紧联系在一起，演讲还未来临，就已经惶惶不可终日了。如果带着强烈的求胜动机和沉重的心理负担去准备，情绪焦虑程度会越积越强，到了临场发挥时可能事违人愿。因此，演讲者要学会适度降低求胜动机，减轻心理负担，真正做到轻装上阵。

### 3. 保持积极的情绪体验

有些演讲者面对即将到来的演讲,感觉如临大敌,有着诸多担心。比如,在演讲过程中总是设想自己会犯语法错误,或总担心自己讲着讲着会突然停顿。这些都是反面的假想,它很可能会抹杀我们对演讲的信心。面对这种情况,可以使用积极自我暗示的方法,用"我一定可以做得很好""我一定可以超常发挥"等肯定自己的短句激励自己。在平时练习休息之余多和自己交谈,不断强化必胜的信心与信念。时间长了,就会发现积极已经成为自己的一种思维习惯。

### 4. 演讲前要把注意力从自己身上移开

要积极听取主办人和听众的意见,这样我们可以转移注意力,放松身体和思想。还可以做做肌力均衡运动。均衡运动是指有意识地让身体某一部分肌肉有规律地紧张和放松。比如,我们可以先握紧拳头,然后松开;也可以固定脚掌,做压腿,然后放松。做肌力均衡运动的目的在于让某部分肌肉紧张一段时间,然后放松时不仅能更好地放松那部分肌肉,而且能更好地放松整个身心。因此,在开始演讲前,最重要的就是要把注意力从自己身上移开,或是集中精力听别的讲演者说些什么,以避免不必要的登台恐惧感。

### 5. 冷静处理"怯场"

演讲中的怯场同样是心理崩溃的反映。事实上,当怯场现象发生时,只要有所准备,掌握必要的技巧,也可以顺利度过这一危机期。当意识到自己出现怯场现象时,不要惊恐慌乱,抱着平常的心态,不要好强求胜,也不要过分地强调自己怯场紧张的心理。通过呼吸调节法消除自己的紧张感,采用这种方法可以消除杂念和干扰。当自我感觉十分紧张时,有意识地控制自己的情绪。在开始演讲之前,可以深呼吸三十秒,这样所增加的氧气供应可以提神,并能给你勇气。

### 6. 当一个"神气的债主"

演讲大师卡耐基对于消除紧张心理很有经验,而在他的众多经验中最基本的经验就是:"你要假设听众都欠你的钱,正要求你多宽限几天;你是'神气的债主',根本不用怕他们。"这种心理作用对我们大有

帮助。

如果你想克服演讲的紧张心理,不妨先弄清自己为什么害怕当众说话,只要对症下药,肯多下功夫,就会发现这种上台恐惧的程度很快便会降低,这时它就是一种助力,而不是一种阻力了。

### 二、演讲内容准备

避免机械背诵演讲稿。逐字逐句地背诵讲稿,很容易在面对听众时遗忘,即使没忘,讲起来也会显得机械化。美国总统林肯曾说过:"我不喜欢听刀削式的、枯燥无味的演讲"。背演讲稿对演讲者可能是一种必要的准备方式,但是,逐字逐句地记忆不仅是耗费演讲者大量的时间,而且容易形成演讲者心理麻痹。在实际的演讲过程中,容易因怯场、设备故障等问题而出现"短路"。因而,在准备演讲时,我们可以准备好大概的提纲,临场根据自己的语言、思路发挥更能打动观众。

## 任务二  演讲时的礼仪

### 案例导入

1948年,英国牛津大学举办了一次"成功奥秘"讲座,邀请的是当时已经声名远扬的英国首相丘吉尔。在讲演前三个月,各种媒体就开始了热烈的炒作,各界人士翘首等待演讲的到来。演讲的那一天,会场上人山人海,全世界各大新闻媒体都到齐了。人们等着这位政治家、外交家的"成功秘诀"。

只见丘吉尔走上讲台,两手抓住讲台,两眼注视着观众,用手势止住大家雷动的掌声,说:"我的成功秘诀有三个:第一个是决不放弃;第二个是决不、决不放弃;第三个是决不、决不、决不放弃!我的演讲结束了!"说完,他就走下了讲台。会场上沉寂一分钟后,突然爆发出热烈的掌声,经久不息。

思考:从演讲礼仪角度分析丘吉尔为什么在演讲时能获得听众的

认同?

演讲者的举止和礼仪是演讲者整体形象的重要组成部分。演讲者从上台开始演讲到结束离开演讲台,应该注意自己的一举一动,给人以良好的印象。

## 一、演讲前——上台

演讲者由站起到走向讲坛面对听众站立的十几秒钟里,给广大听众留下的印象非常重要。在主持演讲的人介绍后,向主持人颔首微笑致意,然后稳健地走到讲台前,自然地面对听众站好,向听众行举手礼、注目礼或微微鞠一躬,尔后以亲切的目光环视听众,以示招呼。

1. 举手礼

举手礼原是世界各国军人的专用礼,后来传入民间及其他社交场合,行举手礼应举右手,手指伸直并齐,挥动或摆动,以示友好。

2. 鞠躬礼

鞠躬是中国、日本、韩国、朝鲜等国家传统的、普遍使用的一种礼节。鞠躬主要表达"弯身行礼,以示恭敬"的意思。鞠躬即弯身行礼,它既适合庄严肃穆或喜庆欢乐的仪式,又适用于普通的社交和商务活动场合。

在我国,鞠躬常用于下级对上级、学生对老师、晚辈对长辈表达由衷的敬意,也用于服务人员对宾客致意,或表演者、演讲者、领奖者对听众、观众表示尊敬和感谢,有时还用于向他人表达深深的感激之情或诚恳的道歉之意。

鞠躬礼的要点有如下三点。

(1) 基本站姿,弯腰不低头,眼睛不要看脚尖。

(2) 行鞠躬礼时,应取立正姿势。脱帽,双目注视受礼者,面带微笑,以腰部为轴,整个腰及肩部向前倾斜15°~30°,目光也随鞠躬自然下垂,表示一种谦恭的态度。

（3）鞠躬礼毕，直起身时，双目还应礼貌地注视对方，使人感到诚心诚意。

## 二、演讲中——台上

演讲中要在视觉和声音方面做到有礼有节。

### 1. 演讲中的视觉印象

（1）演讲着装。

演讲印象因素中，视觉印象给演讲带来的影响大大超出预料。演讲礼仪在整个演讲过程中有着举足轻重的作用，而演讲者的穿戴又是演讲礼仪中非常重要的部分，那么演讲者在演讲时穿什么服装或者怎样打扮自己才合适呢？

对于大多数演讲活动来说，演讲者的穿戴只要干净、大方、整洁、朴素就可以了，就能够达到一个演讲者的服饰标准，能够使观众接受。

（2）演讲手势运用。

演讲者的手势运用也是一种礼仪风范，手势与全身以及语言、感情要协调。演讲者的手势从来不是单独进行的，它的一举一式，总是和声音、姿态、表情等密切配合。演讲以讲为主，以演为辅，没有动作的演讲只是讲话而已，但动作要和演讲者的体态协调才美。当然，演讲者每一个手势，都应力求简单精练、清楚明了、干净利索、优美。就性别而言，男性的手势一般刚劲有力，外向动作较多；而女性的手势多柔和细腻，内向动作较多。

演讲者在手势运用中的注意要点有：演讲者演讲时，双手尽量不要胡乱挥动，可以双手相握放在身前或身后，或者放松垂在两侧；做手势时，手势动作的范围要在腰部以上；要尽量避免一再重复同一动作；演讲中的动作是自然做出的，不能矫揉造作；动作不能拖拉，不能有多余的小动作。

（3）演讲手势原则。

①雅观自然原则。演讲者的手势贵在自然，自然才见感情的真实流露，自然才能真实地表情达意，才能给人以美感。

②保持协调原则。首先是手势与全身的协调，其次是手势与口头语言的协调，最后是手势与感情的协调。

③适宜、适量、简练原则。一是与演讲内容相适宜；二是手势的多少要适量，要不多不少；三是手势动作要简单精练。

④因人而异原则。对于在什么情况下该打什么手势、做什么动作，是无法固化的，初学者一定不要去追求那种千人一招、万人一式的模式化的动作。每个人都有自己的特点，突出自己的特点并美化定型就行。

（4）常见的几种手势。

①拇指式。竖起大拇指，其余四指弯曲，表示强大、肯定、赞美等意。

②食指式。食指直伸，其余手指内屈。这是用在涉及某个话题、对象和物件时，提醒听众注意时用的，也可以表示强调。这一手势在演讲中被大量采用。演讲中右手比左手使用的频率大，手指不要伸太直，否则针对性太强。

③仰手式。掌心向上，拇指自然张开，其余弯曲，这一手势包容量很大，如手部抬高表示赞美、欢欣、希望，平放是乞求、请施舍，手部放低则表示无可奈何或坦诚。

④俯手式。掌心向下，其状态同仰手式。这是审慎的提醒手势，可以抑制听众的情绪，进而达到控场的目的。有时也表示反对、否定之意，或者表示安慰、许可之意。

⑤拳头式。紧握拳头，或高举或挥动，或直锤或斜击，一般表示演讲者的愤怒、决断、警告等强烈情感。

### 2. 演讲中的声音效果

演讲中的声音效果是演讲者很好地表现自己礼仪的重要媒介。

（1）音量。

音量大小根据会场大小和人员多少而定，既不要过高，也不要过低。

过高易失去自然和亲切感,听众会觉得粗俗;过低会导致后面的听众听不清。还要注意不要让音量在句末降下来。

(2) 音调。

没有什么比变换音调更能改进演讲的整体效果了。但是刚开始学演讲的人往往不会充分利用抑扬顿挫音调,他们总是用一种音调演讲。即使他们说得很容易理解,但这样的演讲就太无聊了。更严重的是,这会使演讲者无法表达自己的思想。

(3) 语速。

语速指一个人说话的速度。最佳演讲语速取决于多个因素:演讲人的声音特点,演讲人希望营造的气氛,听众的构成以及演讲环境等。一般说来,公共演讲的速度要比平时交谈的速度稍慢,而且听众越多,语速越慢。还要能根据演讲的内容适当调整快慢,表达出应有的情感。演讲不是体育比赛,其目的在于沟通,而不是比谁说得多。

(4) 停顿。

停顿起到断句的作用,如同标点符号中的逗号、句号分隔开长句一样。一直讲得很快,会使演讲人和观众都不能获得间歇,可能会失去观众的注意;要特别注意的是,停顿应该在一个表达单元结束后进行,而不是在讲述中间突然停顿,随意的停顿会把听众弄糊涂,严重影响演讲效果。

(5) 声音变化。

声音是语言的物质外壳,是传递信息的一种物质载体,而使演讲艺术有效的根本形式就是有声语言。有声语言比书面语言更为丰富,因为它表达的不仅仅是思想,还表达思想所产生的情绪与感情。演讲的过程是一个表演的过程,是演讲者与听众分享思想的机会,它需要活泼而有表现力、影响力的声音。

### 三、演讲后——离台

演讲结束时,应面带微笑地说一声:"谢谢!"并先向观众点头示意、鞠躬致意后,从容不迫地回到原座。

下台时切不可过于匆忙，显出羞怯失意之神态，也不可摆出得意、满不在乎的样子。

坐下后，如大会主席和听众以掌声向演讲者表示感谢时，应立即起立，面向听众点头敬礼，以示回谢。

# 参 考 文 献

[1] 李丽霞. 商务社交礼仪 [M]. 北京：机械工业出版社，2019.

[2] 翁海峰. 职业礼仪规范 [M]. 北京：机械工业出版社，2020.

[3] 鲍秀芬. 现代社交礼仪修养. [M]. 2版. 北京：机械工业出版社，2020.

[4] 左显兰. 商务谈判与礼仪. [M]. 2版. 北京：机械工业出版社，2020.

[5] 程洪莉. 实用文明礼仪——职场礼仪故事51则 [M]. 北京：机械工业出版社，2019.

[6] 李媛媛. 商务礼仪实训 [M]. 成都：西南财经大学出版社，2016.

[7] 金正昆. 职场礼仪 [M]. 北京：北京联合出版社公司，2013.

[8] 金正昆. 社交礼仪 [M]. 北京：北京联合出版社公司，2013.

[9] 丁勇，焦龙梅. 职场礼仪全修炼 [M]. 北京：中国中医药出版社，2015.

[10] 孙祺奇. 面试礼仪，帮你找到好工作 [M]. 北京：中国经济出版社，2014.